悲しみは笑い飛ばせ！

島田珠代の幸福論

島田珠代

幼い頃から嗜んだ
書道は、
私の大切な核

4歳から中学1年生頃まで、書道を習っていた珠代さん。本書のため数年ぶりに文字と向き合い、章タイトルを書き下ろしてくれました。

49年間行動を共にするぬいぐるみの「ゆき姉さん」が見守る中、出来栄えはいかに!?

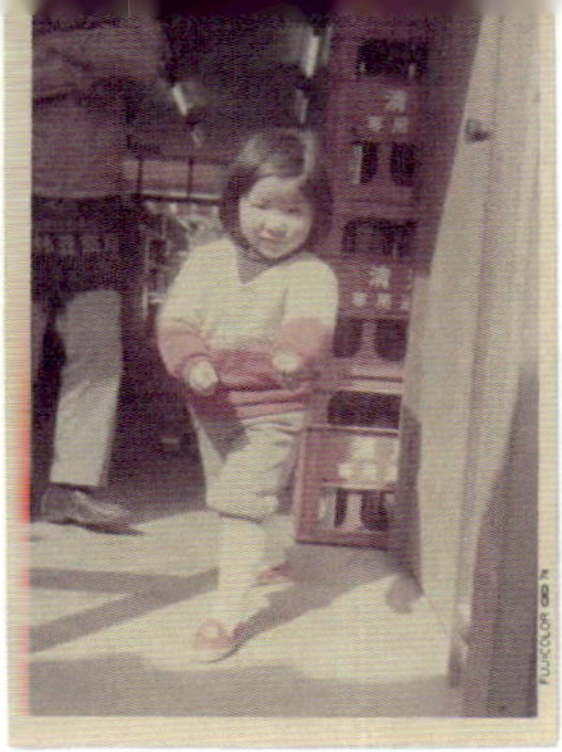

今の私ができている

たくさんの出会いから、

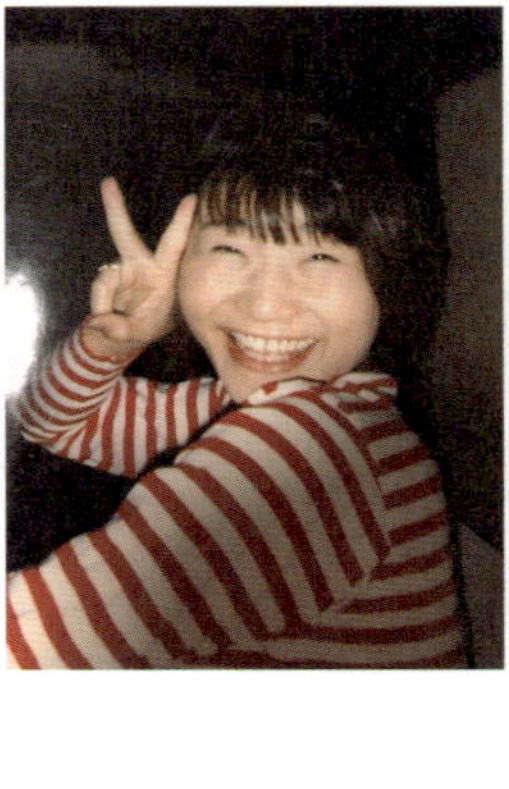

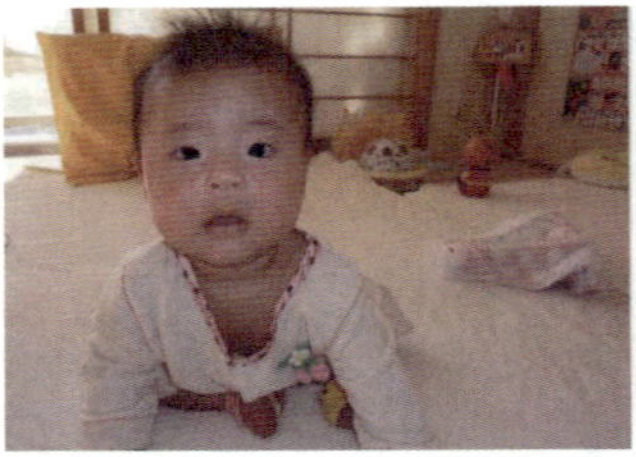

大切な人の存在が、
私をさらに成長させてくれた

2013.02.16

この年齢になって、いい意味でプライドがなくなった

かっこ悪いところも弱いところも、
今では見せられる

若い人も
どんどん劇場に
来てほしい

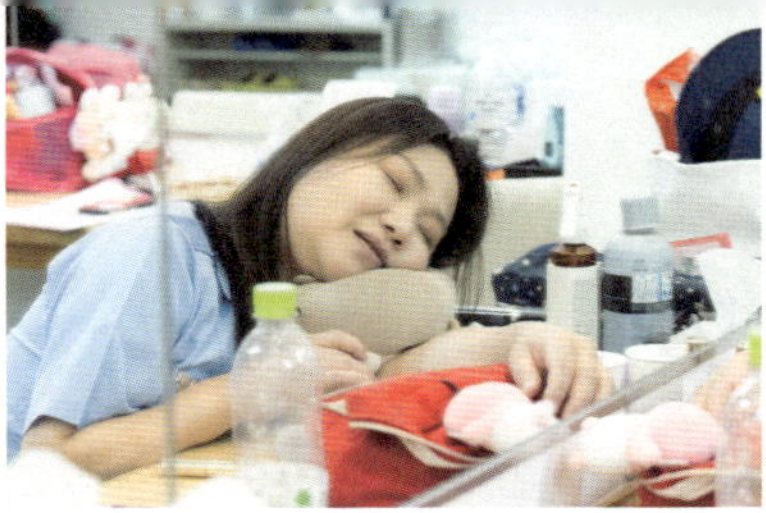
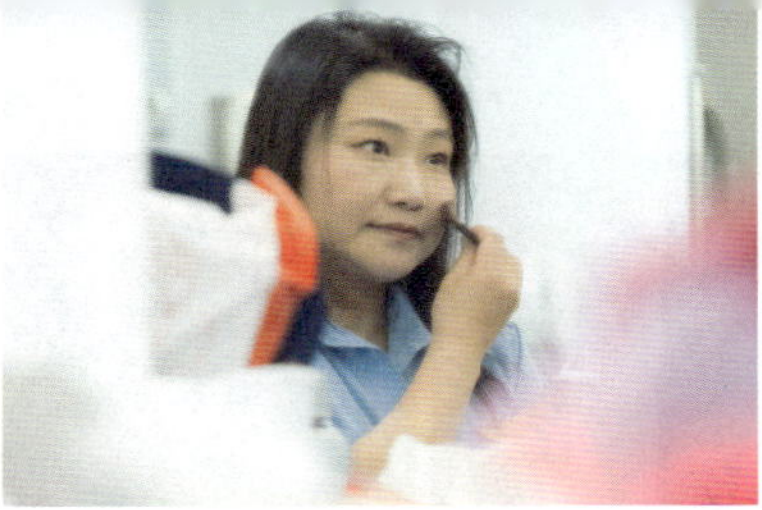

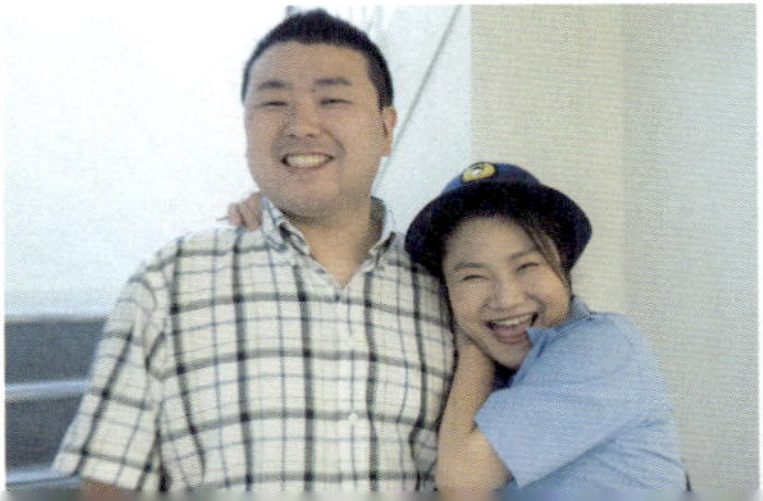
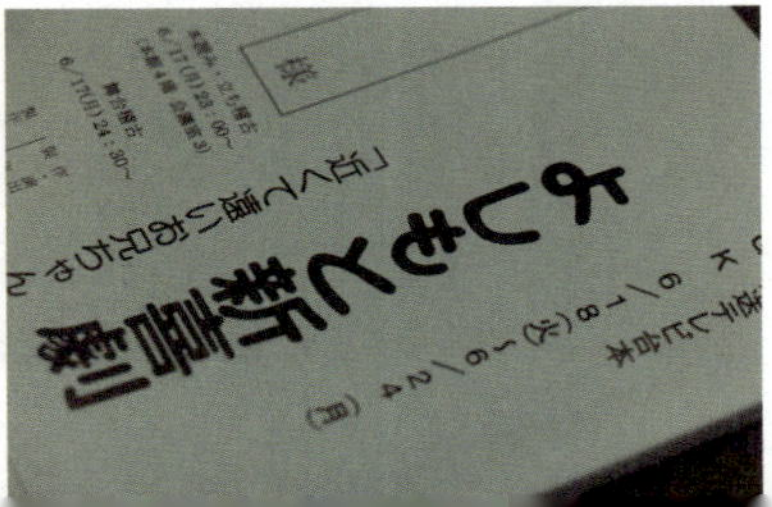
様
よしもと新喜劇
「近くて遠いお兄ちゃん
6／18(火)～6／24(月)

本番前、
実は毎回緊張してしまう

舞台は、
私が一番ピカピカに
輝ける場所

花月旅館

私は芸人に
向いていないけれど、
それでもずっと
続けていく

はじめに

昔、言葉は分からないけれど新喜劇を見に来てくださったドイツのお客さんが、帰り際に私のことを「あの人はちゃんと生活できているのか?」と、劇場の方に心配そうに聞いていたそうです。

舞台に「ワオ! ワオ!」と出てきてチーンして、パンティーテックスで締めることが多いので、もしかするとほかにも「島田珠代はどんな人生を送ってきて、こうなったんだ?」と、気になっている方がいるのかもしれません。でも舞台から降りれば、意外と普通に生活しているんですよ(笑)。

それでも生きていくうえで、それなりに波風や浮き沈みみたいなものはありました。波乱万丈やドラマチックなどと呼べるほどのものではありませんが、本書にはかっこ悪いところを含め、私のありのままの姿を詰め込んでいます。私のことが少しでも気になってこの本を手に取ってくださった方の心に、何かしら響くものがあったら嬉しいです。

STAFF

デザイン：坂野弘美

撮影：福羅広幸

スタイリング：瀬川麻里絵（Fran.）

ヘアメイク：松村芝麻（MORE）

校正：齋木恵津子

DTP：新野 亨

取材・文：山岸南美

協力：管家 愛（吉本興業）

書道：島田珠代

イラスト：堂前 透（ロングコートダディ）

編集：石川知京

［第1章］褒められて開花

心を映す書の道

お笑い芸人という仕事からはあまり想像がつかないかもしれませんが、私は幼い頃に書道を嗜んでいました。母が師範だったこともあり、大会の時期になると毎日のように文字と向き合い、書道教室の先生に指導してもらう日々を過ごしていたんです。

書道の英才教育と言えば聞こえはいいですが、今思い返すとすごくスパルタだったなと思います。例えば、どんなにお腹が空いていても、よい字が書けるまでご飯は食べられません。自分のお腹がひな鳥のようにエサを欲しがってギュルギュルと音を立てても、とにかく精神を集中させて、よい文字を書くことに没頭しました。

練習を重ねると、「いい文字が書けた！」と思える瞬間がやってくるのですが、それまで書けなかった悔しさなのか達成した嬉しさからなのか、半紙にぽつりと涙が落ちて台無しになったこともあります。またご飯が遠のいて心が折れかけたときに、父から「頼むからご飯食べさせてやってくれ」と母に進言があったことは、今でもよく覚えています。

私には姉がいるのですが、そんなスパルタ教育を受けて育ったからなのか、姉妹で大会に出場しているとまわりからは〝鬼の島田きょうだい〟と呼ばれるようになりました。書道を嗜む姉妹なんだから、もっと清廉な通り名がよかったと思わずにはいられません。

どこまでもついてまわると思っていた書道。その終わりを告げたのは12歳の頃でした。父が脱サラして新しい仕事を始めるに当たって、生活環境がガラリと変わったことが大きな理由です。引っ越しだけでなく、母もお店の手伝いをするようになり、母自身が書道から離れることになります。

書道のことを思い出すと「大変だったな」という気持ちが大きいですが、それでも基本的には好きだったんでしょうね。今でも時間が許すなら書と向き合いたいと思っています。ただ、実際に書くとしたらやっぱり墨をすりたいし、終わったら硯をきちんと乾かしたい。そう思うと、とてもじゃないけど気軽に文字を書くことはできないな、と二の足を踏んでしまいます。

でも、書との出会いは私にとってすごく重要でした。お笑いの道に進むというときの精神力、ネタと向き合う集中力は、書道をある程度続けたおかげで手に入れられたものだと思っています。

威厳がある母と優しい姉

私の両親は大分の生まれで、私が小さい頃には大分に住んでいる祖父母を両親の元に呼び寄せて介護をしていました。母は、とても厳しい人で真面目な性格。そろばんができない私を見て「なんでそろばんがこんなにできないの！」と言われることもありました。ただ、それは私への期待から出た言葉だと思っています。

人に厳しいぶん、自分でやると決めたことは絶対にやり通す母。父が病気になってからも、家を支えようと頑張る姿はとても頼もしく、弱音のひとつも吐きませんでした。

母は家のために頑張っている。そんなことは分かっていました。ですが、私も子どもだったので、駄々をこねたり寂しがったりして感情的になることも多かったと思います。そんな私を見て、3歳年上の姉は私が寂しくないようにと、気にかけてくれていました。

私は姉の膝に座り、ひたすらほっぺにチュッチュッとキスをするくらい、姉のことが大好き。母に「チュッチュッしてくるの気持ち悪いから、頼むからこまめに帰ってきて」と懇願していたらしいですが、私の前では嫌な顔ひとつせずに受け入れてくれていたと思います。

22時を過ぎても両親が帰ってこないことが当たり前だったので、私のためにご飯をつくってくれたり、暇さえあれば私と遊んでくれたりして、私が困らないようにと行動してくれました。

そんな姉のことを思い出すと、ある記憶がよみがえってきます。あの日は、私がはやめに寝てしまって、帰ってきた母と姉が遠くで話しているのを、夢見心地にぼんやりと聞いていました。

「もう少しはやく帰ってきてあげて。帰ってきて、ギュッてしてあげてほしい。あの子、すごく寂しがってる」

姉が、私のために寂しいという気持ちを代弁しているのです。今思えば、姉だって寂しい気持ちを抱えていたはず。妹の面倒を見ている自分を褒めてほしいと思う気持ちがあったかもしれない。それでも、自分の不満は一切言わずに、私の面倒を毎日見てくれて少しでも笑って過ごせるようにしてくれていたんだと思います。それを思い出すと今でも頭が上がりません。

大人になった今も、姉との関係は良好です。私の中では、姉は完璧な女性で、大和撫子のような品のある素敵な人間です。最近でも、私が娘の服装のことで母と言い合いになった時に、ひたすら愚痴を聞いてくれました。

「肩がちょっと出てる服を着てるだけなのに、『そんなの着せるのやめなさい!!』ってすごい剣幕で怒られてさ～」

姉は傾聴の姿勢を崩さず、絶対に私の言うことを最後まで聞いてくれるのです。

「分かる～!!　お母さん、そういうところあるよな。だけど、お母さんも昔の人だから大切にしてきたことが違うだけなんだと思う」

「私はこう思うけど……でもたまちゃんが言ってることが正解やと思うわ〜！」

こんな感じで、マイルドに優しく自分の意見を入れ込んで、人に嫌な思いをさせないという高度なスキルを持っているのです。姉は誰の悪口も言わないし、絶対に自慢もしない。おそらく、それは彼女の処世術なんだと思いますが、私には真似しようと思ってもできないくらいに洗練されているのです。

姉は自分の子どもを育てるときにも、褒めることを意識していたようで、ご飯をつくりながら、リビングで勉強している子どもたちに「すごいやん！」「こんなに長い時間勉強して偉いな〜!!」と声をかけ勉強への意欲を持ってもらうなど、自分の特性を上手に使いこなしていたらしいです。その結果、勉強好きで優秀な子どもに成長しました。

人を気持ちよくする天才。そんな姉は、今でも私の心の玉座に座り続けています。これからも、姉を尊敬する気持ちが薄くなることはないでしょう。

楽しくておせっかいな父

私は、根っからのお父さんっ子で、父の面白いところが大好きでした。父は大学生の頃、ＮＨＫの裏方としてバイトをしていたらしく、芸人さんを間近で見ていたからか、日常的にギャグを連発する人でした。

明るくて、面白くて、頼もしい父。私が舞台で白目を剥くのも、父の影響です。


そんな父の快活な部分が悪い方向に出てしまったときのことは、今でも鮮明に覚えています。きっかけは、私の初恋でした。

小林くんというすごくカッコいい男の子が同じ幼稚園に通っていて、ただただ見ているだけで私は胸がいっぱい。まわりの女の子も小林くんのことを大好きだったし、いわゆるみんなの王子様みたいなポジションだったと思います。話すことも一緒に遊ぶこともできなかったけど、私はそれで十分でした。

幼稚園では寡黙でしたが、家では「今日、幼稚園でこんなことがあってな！」と話していたので、同じようなテンションで「小林くんっていうカッコいい男の子がいてな！」と得意になって両親に報告していたのです。

その日も私は「今日の小林くんもかっこええわ〜」と思いながら部屋の隅から眺めていました。すると、私の父がズカズカと小林くんに近づいて、ニヤリと笑いながら一言。

「うちの娘があんたのこと好きって言ってたわ！　これからもよろしくねぇ」

その瞬間、初めて父を見る目が変わりました。心の中で「イヤ〰〰!!」と叫びながら、どこかへ走り去りたい衝動に襲われて、しばらく父を直視することができませんでした。

親って、こんなことすんねや。信じられへん。

当時はそう思っていたのですが、いざ自分に子どもができてみると、段々とその気持ちが分かるようになってきました。そう、親って信じられないようなおせっかいを焼きたくなっちゃう生き物なんです。

人見知りから人気者へ

今の私からは想像できないかもしれませんが、幼稚園に通っていたときは、極度の人見知りでした。しかし家では普通に話すし、なんならうるさいくらいのテンションで振る舞っていたと思います。

しばらくは、両親ですら私が人見知りだったなんて知らなかったでしょう。幼稚園での申し送りに「珠代さんは人見知りですね」と書かれても「そんなバカな」となかなか信じられなかったのではないでしょうか。

話せなかった理由は……正直ハッキリとは覚えていませんが、「こんなことを言ったら怒られるかもしれない」という気持ちが働いていたんでしょうね。今でもお笑いに振り切れているかというとそんなことはなくて、人の目を気にするタイプなのは実は変わっていません。

そんな私が幼稚園でやっと言葉を発したのは、年長クラスになってからでした。きっかけは、全員分の誕生日を色紙に書いて紹介する掲示物をつくったとき。

「わたし、5月!」

たった一言でしたが、今でも深く記憶に残っています。でも、たった一回勇気を振り絞っただけでは、自分の性分は変わりません。小学校に上がってからも2年生の頃まで人見知りは続きました。

しかし、小学2年生のある日。私は人見知りを克服することになったのです。その日は書写の授業があり、担任の先生の代わりにやってきた先生が授業を見てくれるという、ちょっとしたイレギュラーがありました。それでも、やることは変わりません。いつもどおり黙々と筆を動かして文字を書くだけです。

先生の元へと自分の書いた半紙を持っていくと、先生は信じられないくらいのリアクションで褒めちぎってくれました。

「この字だ！　みんなこれを手本にしなさい。本当に潔い字だ！」

子どもながらに少し戸惑いはあったものの、褒められることがこんなにも気持ちがいいというのを初めて感じた瞬間でした。子どもは褒められて伸びる、とよく言われますが、あれは本当です。私は身をもって体験しました。

この出来事以降、私は学校で積極的に話せるようになり、当時流行っていた志村けんさんのモノマネまでするようになりました。クラスの中で自分の立ち位置が「面白枠」だと認知されるようになってからは、テレビで流行っているモノマネをどんどん取り入れるようになりました。

ちなみに小学生のときに会得したモノマネを『4時ですよーだ』で披露して、吉本に入ることになったので、本当に人生は何があるか分からないなと思います。まだそんな未来を知らない私は、ただ友だちが笑ってくれるのが嬉しくて毎日を過ごしていました。

当時、テレビ番組は一日に何本もまとめて収録するのが一般的で、水をかぶった後で、次週のオープニングを撮影することもあったそう。だからドリフではオープニングなのになぜか毛束感のある風体で、だるそうに歩いてくる志村けんさんが面白いと思いモノマネに取り入れた結果、友だちにも『4時ですよーだ』でもウケたのです。

最近の言葉で表現するなら、いわゆる陽キャへと変貌した私は、クラスの中心的な存在になっていきました。自然と友だちが集まってきて、女の子が話しかけてくれるのが純粋に嬉しかったです。

これは私だけの感覚かもしれませんが、小学生の頃から男の子の前でモノマネをするよりも、女の子の前でモノマネをしたときのほうが、なんとなくウケている気がしていました。女の子の笑い声はスッと通るし、いつもは静かな女の子を笑わせたときなんて、気持ちよくて仕方がない。

そんな経験があったので、この頃から「女の子は大切にせなあかん」と思っていたような気がします。

決闘しようや

正義のヒーローのような気持ちで女の子を見ていたので、クラスの大人しい女の子がいじめのターゲットにされたときには、本当に腹が立ちました。しかもいじめているのは男の子。あったかどうかも分からないことを延々とその女の子に言い続け、女の子が言い返さないと分かっているから、どんどんエスカレートしていったんです。

どうにかして女の子を救いたい。そう思った私は、いじめていた男の子に決闘を申し込むことにしました。

「私が勝ったら、あの子に謝って」

ジャングルジムの前でにらみ合う私たちを取り囲むように、クラス中の子どもたちが見守っていました。結果は……私の勝利。とはいっても、ボコボコにしたとか傷を負わせたとかそういうハードな決闘ではありません。当時の私はまわりと比べて身長も大きかったし力も強かったので、少し小突いただけで男の子が音を上げたのです。それでも、あまり見る機会のない決闘シーンに、ジャングルジムの前は大盛り上がり。私もそれなりの達成感があって、気持ちよく帰ることができました。

女の子から話を聞いた親御さんが、手土産を持って家に訪れたのはそれからすぐのことでした。うちが酒屋を経営していることを知らなかったようで「それならオレンジジュースなんかにしなければよかったですね」と言っていたのを今でも覚えています。

「このたびは娘が珠代ちゃんに助けていただいたみたいで、本当にありがとうございます。うちの子が『島田さんは天使や！　決闘までしてくれたんやで』って、感謝していました」

大人同士のやりとりをボーッと聞きながら、私は手土産の100%オレンジジュースにくぎ付けでした。酒屋の娘とはいっても、売り物を飲むことはできなかったので、好きなだけ飲めるかもしれないと、心の中でワクワクしていたのです。

しかも、これは私へのお礼なので絶対に私が飲んでもいいやつです。決闘の末に勝ち取ったオレンジジュースと言ってもいいでしょう。

「珠代はやんちゃなところがあるから。でも誰かの助けになってくれたなら、よかったなと思います」

大人同士のふわりとした会話が私の頭上で続く中、この会話が終わった後のことを考えていました。会話が終わったら、家に上がって、包みを解いて、並んだジュースをひとつ手に取り、プシュッとフタを開ける。

いつも飲んでいるオレンジジュースよりも、上品で芳醇な香りのするオレンジジュースを口に含む。くぅぅ〜!! たまらない!!

私の決闘話なんてどうでもいいからはやく終わってくれと、そればかり考えていました。ようやく終わりの合図である「これからもどうぞよろしくお願いいたします〜」という言葉が聞こえました。

お相手の姿が見えなくなるまで手を振っていたかと思うと、母はくるりと後ろを向きお店の中に入っていきました。そのまま、流れるような手つきでもらったお土産の箱から30本のオレンジジジュースを取り出すと、「ご近所さんに配るわ〜」と言い出す母。私のほうをチラリと見ることもなく、さも当然といった雰囲気を醸しだしている背中。

結局、1本もオレンジジジュースを飲めなかったあの日のことが、決闘よりも記憶に強く残っています。

4通のラブレター

今までの人生を振り返ると、お笑いに対して一番頑張っていた時期は、小学6年生のときだったかもしれません。クラスの子を笑わせたくて、そのために毎日モノマネして、ちょっと変化を付けたくて、自己流でアレンジしてみたり。

そんなことをしていたら、男の子からラブレターをいただくようになりました。私はクラスではおちゃらけキャラなので、恋愛対象として見られるとは思ってもいませんでした。しかし、いただいたラブレターの内容はどれもちゃんとしたもの。

これは、今になって当時のことを客観的に見られるようになったから思うことなのですが、自分の好きなことに命を燃やしている人を見たとき、どうしようもなく魅力的に感じるのかもしれません。

まわりの女の子の中には、ダイエットしたりメイクに詳しくなったりした子がいましたが、そういった外見を着飾ることよりも、ただひたすらに自分が好きなことにのめり込んでいるほうが、結果として好きになってもらえるのかもしれません。

それは、きっと大人になってからも同じで、お仕事や勉強、趣味に没頭している人は気になってしまうものだと思います。人間は見た目が大事、という人もいるでしょう。それも分かります。でも、少なくとも私の体感としては、好きなことに熱中することがモテる秘訣なのではないかと感じています。

モテるために何かをするのではなく、なんでもいいから没頭できるものを見つけられたら、それは必ずあなた自身の魅力になります。


ラブレターをもらった後、私がどうしたかというと……何もしませんでした。返事も書かなかったし、自分の気持ちを伝えることもなかったです。なぜかというと、ちょうどこの時期に、転校という区切りがあると分かっていたから。

だけど、今でもラブレターをもらったことは忘れていません。あの時、返事をしなかったことを申し訳ないと思いつつも、私にとっては大切な思い出として心に残っています。

集団コントのマスコット

転校してからは、当然まわりには知らない子ばかりで、「もしかしたらまた人見知りしていた頃に戻ってしまうかも」と思っていましたが、そんなことはまったくありませんでした。一度、輝き方を覚えた私は、転校してからも人を笑わせるのが好きなまま。

そのままのスタンスで中学校に入学したのですが、入学早々あるグループに目を付けられます。廊下側にある窓をガラッと開けて、目立つ雰囲気の女の子が私にも聞こえる声でハッキリと言いました。

「島田さんって、どの子?」

いかにも不良という感じだったので、クラス中に緊張が走りました。一瞬でみんなの視線が私に集まり、静まり返った教室に「はい、私です……」と返事する声が響きました。女の子に手招きされそのままついていくと、そこには学年で目立つ子ばかりが集結。

8人くらいにグルッとまわりを囲まれるだけでも、相当な威圧感があります。心の中で「何をされるのだろう」とドキドキしていると、リーダー格の女の子がポツリとつぶやきました。

「あんた、面白いヤツみたいやな」

その一言をきっかけに、破顔する8人。よくよく話を聞いてみると、みんなお笑いが好きで「面白い子がいる」という噂を聞きつけて私を呼び出したそう。見た目に反して、悪いことなどまったくしないそのグループは、休み時間や昼休みに集まって、ひょうきん族やドリフターズのモノマネをして過ごすという、すごく健全な人たちの集まりでした。

放課後になると、学校の屋上で「なんでやね〜ん!」「やかましいわ〜!!」と集団でコントの練習をするのが日課になり、私の芸はこのときに磨かれたといっても過言ではありません。

身を守る音色

中学生の頃、3年生の先輩方が受験シーズンになると苛立ち始めて、後輩を呼び出してリンチをするという通過儀礼がありました。学年で目立ったグループだったので、私たちも先輩たちの標的にされたんです。

先輩に呼びだされると後輩たちはトイレの前に並び、名前を呼ばれたら一人ずつ中に入るという、なんとも緊張感のある光景でした。私は、呼び出されたときからものすごく緊張していて、このまま人生が終わるのかもしれないと本気で絶望。トイレから出てきた友だちの様子を見ると、揃いも揃って神妙な顔をして教室へと戻っていきます。

「はい、つぎぃ〜。島田入れ」

友だちに「たまちゃん……呼ばれてるで」と言われても、なかなか足が上手に前には進みません。しかし、なんとかトイレのドアを開け、冷汗をかきながら中に入りました。そして、事件は起こったのです。先輩が私に声をかけるよりも先に、どこからか音が聞こえてきました。

きゅううん……ぷふぉ〜ぉん……ぷおぉぉぉ〜ん

そう、私は緊張のあまり超高音のおならをかましてしまったのです。先輩は、笑ってはいけないと思ったのか、顔を背けたまま苦しそうな声で言いました。

「も……もういい……んふっ……い、行けよ。で、出てけ」

トイレを出て友だちの元に戻ると、ポケットに入れていた櫛が真っ二つに折れている人や、制服に足跡がついている人もいる中で、私だけがノーダメージ。「一人だけ無事に帰ってきてしまってほんまにごめんな」と話すと、友だちは「そ、それはしゃあないな」となぜか同情交じりの視線を投げかけました。

私はこの日から、おならは世界平和に役立つんじゃないかと本気で思っています。

強烈に面白い、中学のときの友人タイナカさん（中央）。
この子がいなかったら、今の私はきっといないと思います。

［第2章］可愛いはいらない

お笑い芸人の孤独

小学生で会得したモノマネと、中学校で友だちと磨いたお笑いスキルを引っさげて、私は高校2年生のときに、『4時ですよーだ』の素人参加コーナーに出演することにしました。その番組をきっかけに吉本興業に所属したので、17歳でお笑いの世界へ入ったことになります。

お笑いを仕事にしてからは、お笑いと向き合う時間、そしてなによりも精神状態が大きく変化しました。それまでは、学校で楽しくモノマネをしていれば満足だったし、「しなければいけないこと」もなかったので気楽に過ごしていたけど、仕事になるとそうはいきません。

週に2回は新しいネタを見せないといけなくて、まわりの友だちが学校帰りに遊びに誘ってくれても、「ノートに考えまとめてるから」とか「ネタ考えてるからまた今度ね」と断るばかりになってしまいました。

芸人になったら、毎日が楽しくて、もっと笑えて、まわりも笑わせられる。そんなふうに考えていたけど、待っていたのは孤独な時間。そのうち、友だちも私に気を使って、遊びに誘わなくなり、同年代の子たちとはどんどん距離が開いていきました。

そして、変化は家の中でも見られるようになります。家族が私の出演しているテレビを見ていると、すごくナイーブになってしまって「音量下げて!!」と大声を出すこともあり、まわりの大人がよかれと思ってしてくれる「もっとこうしたらええんちゃう?」というアドバイスも、「批評しないで!!」と返してしまうなど、ずっとピリピリしていました。あまりにも精神状態が変わってしまったので、親も扱いにくかっただろうなと思います。でも、それくらい追い詰められていたんです。

正直な話、私はお笑い芸人に向いていないと思います。お笑いを商売にするとこんな感じになるんだと分かってからは、お笑いは好きではないし、中学生の頃のように無心で楽しむということができなくなってしまいました。

ただ、私はお笑いが好きではないけど得意ではあります。自分が輝ける場所だというのは分かっていて、今ではそういうふうに生まれてきてしまったんだなと思うようになりました。

女ウケが大切な2丁目劇場

お笑いの仕事を本格的に始めたのは、心斎橋筋2丁目劇場でした。1993年に閉館したので、今の若い世代はその存在を知らないかもしれませんが、ダウンタウンさんや今田耕司さん、ナインティナインさんなど、多くの芸人がここから羽ばたいていきました。

当時の様子を少しだけ説明すると、2丁目劇場のお客さんはほとんどが若い女の子。今田さんがいわゆる「イケメン芸人」のような立ち位置で、当時の女子高生たちは今田さんが登場するだけで大熱狂でした。

同じステージにちょっと女っぽい仕草をするかわいい系の芸人が出てくると、どんなに面白くても観客の女の子には笑ってもらえないという目に見えない壁があって、それもあの時代の2丁目劇場ならではの風景かもしれません。

ある日、劇場のトイレを使おうと思い中に入ると、かわいい系の芸人がお客さんに囲まれて「今田さんに手を出したら許さないから」と詰め寄られている場面に遭遇しました。

殺伐とした世界と、お笑いの世界が同時に存在する。そんな場所でもあったのです。当時、トイレで詰められている女芸人を見て、「女性に嫌われたら、この世界では生きていけないに違いない」と緊張したのを覚えています。

ただ、私の場合は女子高に通っていたこともあり、女ウケはいいほう。昔から女の子を大切にしようと思っていたこともあり、自分で言うのもなんですが2丁目劇場でも出待ちができたり、バレンタインデーには段ボール2箱分ほどのチョコレートが届いたりと、女子の心をがっちりと摑んでいました。

舞台裏で仲良く話している姿を見られたりすると「色目を使っている」と言われることもありますが、私にはそんな心配がありませんでした。なぜなら、舞台以外の場所で男性の芸人さんと気軽に話すことができなかったからです。

舞台ではどんなに大暴れしても、舞台を降りた瞬間にスッと人見知りの私が登場。キム兄さんに「お前、人間嫌いなんか？　人間嫌いなんやろ？」と顔を覗き込まれ、東野さんに話しかけられても伏し目がちでしか姿を捉えられず、まともに目を合わせることもできない。そんな私にあらぬ噂が立つわけもなく、2丁目劇場でのお笑いはただただ女性人気が上がっていく一方でした。

愛も恋も捨て去って

お笑いの仕事を始めた頃は、そもそも恋愛には興味もなくて、むしろ恋愛をしたら面白くなくなると考えていました。お笑いの世界は男性の比率が多いこともあり、「自分は男にならないと成立しないんだ」と言い聞かせ、わき目もふらずに芸を磨く。ただ、それだけの日々でした。

学校の友だちがコンパをするようになって「一発芸をしてほしい」と頼まれたときには、一発芸を披露するためだけに足を運び、終わったらすぐに帰るという生活をしていました。そのまま男の子と楽しく過ごしてしまったら、笑いに乗り遅れてしまうという、根拠のない不安が常に私を覆っていたのです。

好きな人ができたら、思いっきり白目を剥くなんてできないかもしれない。
今の私からお笑いを取ったら何も残らないんだから。

恋愛とはまったく違う感情として憧れを持つことはありました。東野さんやナインティナインの岡村くんは、舞台裏では硬派だし寡黙。だけど表舞台ではそんな素振りをまったく見せないので、私は勝手に親近感を抱いていたんだと思います。

私は自分のことをお笑いに向いていないと感じているので、自分と少しでも似ている人を見ると、安心するところがあります。「あの人も大変なんだ、私も頑張ろう」という気持ちのおかげで前に進めるということが多かったと思います。

一般の人が思うよりも芸人の楽屋はとても静か。本番前になるとひとり言をつぶやく人もいるし、新聞紙を頭にかぶってうなだれている人もいます。舞台袖に立ってから緊張でえずく人（※私もその一人です）、涙目になりながら舞台に出る人、たいていの人が不安と闘いながらお客さんの前に立って、なんともないようなフリをしながら笑わせているんです。

だから、恋愛というよりは異性の芸人とは、同志のような関係にしかならなかったんでしょうね（笑）。

新喜劇の新体制

吉本の人事異動に伴って、新喜劇の支配人が変わることになったタイミングで、私たちにこんな話がやってきました。

「今までとは違った新喜劇をつくりたいと思っています。このまま2丁目劇場で活動するのもいいと思いますが、ぜひ力を貸してくれないでしょうか」

当時、2丁目劇場で人気がぐんぐん上がっていた今田さんや東野さんが、新喜劇へ移ることになり、その勢いにつられるようにして彼らを取り巻く若手も何人か、新喜劇へと興味を持つようになりました。私もそのひとりです。

その後、新体制へ切り替わる説明会が行われることになりました。今までの新喜劇を支えてきたメンツ、そして私たち若手が、うめだ花月の通路を挟むようにして分かれて座っていたのが印象に残っています。

なんとも言えない空気が流れる中、新しい支配人の大﨑さんが沈黙を破って説明を始めました。

「ここにいる若手のみなさんを新喜劇に迎え入れ、新しいものにしたいと思っています」

すると、新喜劇の師匠たちからはブーイングの嵐。それもそのはず。今までずっと新喜劇を守ってきたのは師匠たちなのです。いきなり若手が大量に入ってくるとなっては、お客さまの求めているものができないかもしれないし、大切にしてきた伝統が損なわれてしまうかもしれないという不安もあったのでしょう。

「そんなのやってられるか!!」

「大﨑！　お前この野郎!!　若い頃メシ連れていってやったのも忘れたんか！」

それでも、大﨑さんは一歩も引きません。師匠たちの意見を聞き入れることなく、粛々と説明を続けました。

「それでも、僕はここの支配人なので。もし、新しい体制になることでやっていけないと思われる方は、残念ながら一緒に新喜劇を支えていくのは難しいと思います」

話し合いの結果、桑原師匠やめだか師匠たちが残ってくれることになり、私たちは新喜劇という新しい舞台に立つことになったのでした。

私は新喜劇に移ってから思うようにウケず、お客さんは終始ポカーンとした表情をしていました。理由は分かっています。それまでは女子高生を相手にお笑いをしていたので、派手な動きや顔芸、テンションの勢いが伝われば笑いに繋がっていました。

しかし新喜劇は私が今までしていた笑いとは違って、ストーリー性や人との掛け合いが面白くないと響かない。さらに、ピンで行う芸ではないので、舞台上の男性と女性の役割に則って笑いに導かなければいけないという難しさもありました。

今でこそ、世の中の風潮として男女平等を目指すようになってきましたが、当時はまだまだそんな時代ではありません。女はお笑いの舞台でも常に受け身。自分から何か行動を起こして笑いを取るというのはご法度。だから、スカートをめくられて嫌がる反応をして終わるだけというテンプレートから、外れるのが難しかったのです。

だけど、まだ若かった私はそんなお笑いの仕組みに不満があったんでしょうね。師匠から、「お前ああいう目立ち方はやめろって何回言うたら分かんねん!!」と衣紋掛けを投げつけられても、舞台に立つとなぜかスカートをまくりあげられたときに「もっと見てみてぇ〜♡」と言ってしまうのです。

何度も注意されましたが、それでもお客さんが徐々に笑ってくれるようになると、先輩たちも「もう好きにしたらええ」と呆れながらも許してくれました。

新喜劇は新しくなったんだからやってみよう。

女性が笑いを取ったっていいじゃない。

今、舞台に立って笑ってもらえること。それは決して当たり前ではなく、当時新しい新喜劇を受け入れてくれたみなさんのおかげだと思っています。

あき恵姉さんの教え

浅香あき恵姉さんは、私にとって特別な先輩です。ちょうど新喜劇での立ちまわりに悩んでいたときに、私の演技を見てアドバイスをくれたことがあります。

「珠代ちゃん。新喜劇はお芝居寄りのお笑いだから、三の線を狙ってるなら逆にかわいくしたほうがウケるかもよ。あなたみたいな人はかわいこぶるほどツッコミが映えるから」

言われたときには、内心「この人、私のことどんだけブサイクだと思っててんねやろう……」という気持ちもありました。だけど、実際に舞台に立ってそのように演じてみると、客席からはかつてないほどの笑いが起こったんです。

「気持ち悪いわぁ〜!!」

この世で最高に気持ちのいい「気持ち悪い」という言葉。ゾクゾクしました。あき恵姉さんは、文学座出身で元々は女優を目指していた人なので、セリフを自分のものにするのがすごく上手。私が上手なんて言うのすらおこがましいくらいです。

いつまでもまっすぐで、少女のようなかわいらしいところもあって、だけど人に伝えないといけないときには、言葉を選ばずにビシッと言ってくれるカッコいい先輩です。

……とよい話で終わりたいのは山々なのですが、この話には後日談があります。あるとき、あき恵姉さんに「あのときもらったアドバイス、本当に助かりました!!」と話したら、思いがけない言葉が返ってきました。

「私、あのときのことを謝らないとって思ってたの。かわいこぶったほうがいいって言ったけど、あの後たまちゃんのやり方でちゃんとウケていったでしょ？　だから余計なこと言う必要なかったなって。たまちゃんのやり方で合ってたよ」

姉さん、私はアドバイスを忠実に生かしたつもりだったけど……。もしかして姉さんの頭で描いていたかわいこぶるの方向性と違ったのかなって、今でも疑問に思っています。

失敗恐怖症

22歳の頃、私は『森田一義アワー 笑っていいとも！』（フジテレビ系）の金曜レギュラーとして出演することになりました。１９８２年から続く長寿番組で、当時『いいとも！』に出るのは芸人としてワンランクアップするくらいのイメージだったと思います。

東京に行きたいというよりは、自分のお笑いが東京でも求められているという気持ちがあって、このお話をいただいたときには心底嬉しかったです。憧れのタモリさんとも共演でき、今までお仕事をご一緒したことのない人たちとたくさん出会うことができました。

しかし、私はたった1年半でレギュラーを降りることになったのです。その事実に、当時はものすごく落ち込んでいました。東京の舞台で爪痕を残せなかったというやるせなさもあったし、悔しいとか悲しいとか、苛立ちとか……いろんな感情が渦巻いていたと思います。

だけど、かっこ悪い自分を認めたくはなかったので、「私はべつにかわいそうな立場じゃないですけどね」という虚勢を、40代半ばくらいまで張っていました。

あまりにも失敗したことを怖がりすぎて、最終的には『いいとも！』に出ていないフリをしたり、話を振られてもまったく答えずに、ほかの話題に変えたりと、目を逸らしていました。

その後も、スタッフの人に「モノマネ番組出てみますか？」と言われても、スベッたら恥ずかしいという気持ちが大きくなって断ってしまったり、自分が失敗するかもしれないと思った仕事は何かと理由を付けて避ける日々。


自分の中で、何が悪かったんだろうと向き合うことができたのは、40代後半になってから。しかも、仕事とは関係ない娘とのやりとりの中で、気がつくことができたのです（※詳しい話はＰ１２２に書いてあるので、興味のある方はぜひ読んでみてください）。

自分が失敗したことを認めなければ、平場が苦手なんだとか、会話のラリーが不得意なんだとか、認知することすらできませんでした。できないことと向き合うのは多少つらい部分もあると思いますが、それでも今の私は気がつくことができたことを嬉しいと感じています。

プライベートをさらけ出す

お笑い芸人が、つらかった過去やプライベートな恋愛の話をすることには、昔から賛否両論があります。面白く受け取れていた芸が、裏側を知ってしまうと「この人も大変な思いをしているんだな」と思われてしまうことが少なくないからです。

かくいう私も、最近までプライベートな話はそこまで明らかにはしていませんでした。では、なぜこのタイミングで自分の話を書籍にしようと思ったのか。一番の理由は年齢的なものなのかもしれません。芸人としてのキャラクターはもう十分愛されているし、54歳になって「自分の人生を知ってもらってもいいんじゃないか」と思えるようになったから。

自分をさらけ出すきっかけになったのは『徹子の部屋』に呼んでいただけたこと。娘との関係や元旦那への思いなどを語ったのですが、意外にも「面白かったよ」という感想を多くいただきました。

当初、「大変だったね」とか「かわいそう」「親として最低」と言われることも覚悟していたのですが、まわりの方があたたかく受け入れてくれたこともあり、もっと自分を見せてもいいのかもしれないとポジティブに考えられるようになりました。

芸人として新喜劇の舞台に立っていると、いろいろな方からファンレターをいただく機会があるのですが、その中には結構切羽詰まった思いを抱えている人もいます。

「もう死んでしまいたいと思っていたけど、芸を見て踏みとどまることができた」
「これ以上社会でやっていけないと思ったけど、もう少し頑張ってみようと思った」

このようなお便りをいただいたときは、特に「芸人をやっていてよかったな」と感じます。名前も知らない、顔も分からない誰かを救えたのかもしれないと思うと、なんとも言えない気持ちになります。

私の人生にもいくつかの波があり、今思い出しても泣いてしまうことや、忘れられない絆がたくさんあります。この歳になって思うのは、自分のプライベートな部分を見せることで、生きる希望を持てる人がいるのではないかということ。お笑いの分野だけでなく、プライベートをさらけ出すことで、誰かの救いになることを願っています。

芸事で生きていく

笑いは誰にでも生み出すことができる。それは確かにそうなのですが、私たち芸人は人を笑わせる〝芸事〟で生活をしています。何かを身につけるというのは時間や労力がかかるもので、それは「この仕事で生きていくぞ」と決めてから痛いくらいに実感しています。

しかし、お笑いはそういった苦労や努力を見せないのも仕事のうちです。だから、小さな子どもたちや学生さんには、当然「簡単に真似できる！」とか「これでクラスの人気者になれる！」と思われることも多々あります。

これは、お笑い芸人として嬉しいことでもあるのですが、その反面イジリを超えたイジメへと変化して学校に行けなくなってしまったり、最悪の場合命を奪ってしまうことさえあるのです。特に、私の芸風が容姿イジリということもあり、そういうニュースを見るたびに心が痛くなります。

私の芸を見て救われたという人がいる一方で、追い詰められている子どもたちがいるのではないか。親である私が容姿イジリをされていたら、娘にもしていいとまわりの子どもたちは思わないだろうか。そんなことも頭をよぎります。

お笑いの舞台では、どんなに若手であっても細かいところまで考えていると思います。

こういうことを言ったら自分のボケに繋がりそう。

あの人と共演するならこのくらいふざけても拾ってもらえそう。

うまく拾ってもらえたらもう一回ボケてみるか。


頭の中でそんなことばっかり考えています。本番前には上手にできるか不安になって気持ち悪くなってしまう人もいるくらい。

だけど、私がまだ吉本に入る前、クラスでモノマネをしていただけの頃はそんな不安はまったくなかった。こうやって返せば笑いになったわ、と本気で落ち込むことは、仕事にするまで想像もしなかった。

私自身、お笑い芸人の真似から始まって今に繋がっているので、真似するなとは言いません。でも、言葉や振る舞いは誰かを傷つけてしまうことがあって、それもすべて自己責任だというのは忘れないでほしいです。

カワイイって言わないで

2丁目劇場で舞台に立っていた頃から、今でもずっと変わらないことがあります。それは、「かわいいですね」とか「いい匂いですね」っていうポジティブな反応をされたくないということです。

女性として容姿イジリは傷つくでしょ?と思う人がいるかもしれませんが、仕事の場面でかわいいとか言われたら、一番しんどい。強がっているわけでもなく本心でそう思っています。たぶん、こういうマインドが一般の方と大きく異なる点なんでしょうね。

私は見た目をイジられるプロなので、どんなことを言われても構いません。みなさん、忘れてしまっているかもしれませんけど、私は容姿をイジられてお金をもらっているんですよ。そりゃ、並大抵の耐性ではありません。

今では、イジられないと満足できない身体になってしまったんですから。むしろ、今までに言われたことのないテンションでイジられたら、それをどうやって笑いに持っていけるかと燃えてしまうタイプです。

ちなみに、私が好きなツッコミをしてくれる芸人さんを挙げるとしたら『くりぃむしちゅー』の上田さん。ちょっと雑な感じで「お前、バケモノだろ」とか「お前のことなんか誰も見てねえよ！」と言われると、気持ちよくて身体がゾワゾワするんです。もうおかしいでしょ？

そんな雑な扱いをした後に、撮影が終わると「またよろしくお願いしますね」って優しく挨拶してくれて……はぁ、もう思い出すだけで最高。定期的に罵られたくなる。


一昔前なら、先輩にツッコむなんてやってはいけないことだったのかもしれないけど、私はどれだけイジられてもいいと思っているから、先輩も後輩も関係なくガンガン来てほしいと思っています。

容姿イジリを差別的と捉えられて、なかなか塩梅が難しい世の中になってはきていますけど、それでも私たちはプロなので「どうぞ安心して笑ってください」という気持ちで舞台に立っています。

プロの駆け引き

笑いのプロと言っても、やりとりの中でヒートアップしてイジりすぎてしまうこともあります。会場が盛り上がって「もっとやったれ！」みたいな雰囲気のときには全然問題ないですが、いきすぎてしまうとお客さんは「それは珠代ちゃんがかわいそう」って感じてしまうことがあります。見ている人が「かわいそう」と思ってしまったらもうお笑いにはならないと思います。

舞台に上がっているときに、そういう空気を感じ取ったときには、イジりに負けないボケで上書きしていくしかないんです。「一瞬かわいそうだと思ったけど、やっぱり珠代ちゃんはこれくらい言われないと分からんよな」って見ている人が思ってくれるくらいにボケないと。そんな気遣いをしているうちにツッコミの人も冷静にまわりを見られるようになって、全体としては丸く収まるということもあります。

ただ、難しいことにツッコミの人が最後までなかなかお客さんの反応に気づいてくれないこともあります。というのも、舞台はリアルタイムで進むから自分のことで一生懸命だったり、まわりを見る余裕がなかったりすることもあるんです。

空気は悪くしちゃいけないし、お客さんにも気を使っているのがバレてしまうとしらけてしまう。だから、あまりにエスカレートしてしまったら、「ちょっと、それは言いすぎちゃう?」みたいなことを舞台上でわざと話して、エンタメとして昇華することもあります。

どれだけ長くお笑いの世界にいても、舞台を降りれば後悔の連続です。よく言われることですが、芸人が笑いを取れなかったときのダメージは、一般の人の1000倍。これは本当にそうだと思います。

想像になってしまいますけど、会社員の人が飲み会で笑いが取れなかったとしても、何日もどんよりとした気分を引きずって過ごす人は少ないと思います。でも、芸人は笑いがすべて。笑いが取れないというのが一番しんどいことです。人の1000倍傷ついたとしても、舞台に立てばまた目の前の人を笑わせたいと思ってしまう。それが芸人の性なんだと思います。

美味しいビールが飲みたい

私には、45歳くらいまで落ち込んだときのルーティーンがありました。すべったり、変な空気になってしまったりしたときにはものすごく落ち込んで、家に帰っても電気ひとつ点ける元気もない。

ベッドに大の字に寝転んで、天井の一点を見つめてはため息を繰り返し、ただただその日の後悔をするだけ。気がつくと2時間なんてあっという間に過ぎていて、ようやく「トイレに行きたいな」とか「ご飯どうしよう」ということに頭がまわり始めるのです。

反対に、めちゃくちゃ充実した一日を送れたら、スーパーで買ったまぐろの切り落としとビールで晩酌。喉をごきゅごきゅと鳴らしながら胃に流し込むビールは、最高に美味しいし、幸せな時間です。

その一瞬が幸せすぎて「2時間も暗い部屋でメソメソするのは嫌だ」って思うようにもなるし、泣きたくないから仕事を頑張るというサイクルができ上がっていきました。

緊張して舞台袖から逃げ出したいとき、弱い自分を鼓舞するように、自分自身に語りかけることがあります。

「珠代、もう真っ暗な部屋で泣きたくないんやろ?」
「泣きたくない。もうあんな時間は過ごしたくない」
「それだったら、この舞台に命込めろ。逃げ出すことなんか考えずに、やってこい」

もう失敗したくないという気持ちも、ビールが美味しい幸せな時間も、同じくらい私を支えてくれています。どちらかだけでは、きっと舞台に立ち続けることはできなかった。芸人にとって、すべるのはものすごいストレスになるけれど、「じゃあお笑い芸人をやめよう」とは思わない。

それは、信じられないくらい美味しくビールを飲める瞬間が、この世にあると知ってしまったからなのかもしれません。

新喜劇の仲間たち

『中居正広の金曜日のスマイルたちへ』や『相席食堂』に出演してから、新喜劇を見に来てくれる層に変化を感じています。大阪に住んでいても新喜劇を見たことがないような、若い世代の人たちが足を運んでくれるようになって、純粋に嬉しい気持ちでいっぱいです。

新喜劇のメンバーが個人でどのように考えているのか、本当のところは分かりません。でも、長年一緒に舞台に立ってきた私が思うのは、「みんなテレビに出たいと思ってるよね」ということ。

テレビ出演のオファーが来ても新喜劇だけでいいんです、という人はそうそういない。最近はYouTubeなどで知ってもらう機会も増えてはいますが、やっぱりテレビというのは私たちにとって特別な媒体です。

新喜劇のメンバーの中には、コンビを解散して入ってきた子もいるし、私と同じようにテレビで爪痕を残せなかった人もいます。だからこそ、テレビに対する憧れは強いし、今でもピラミッドの頂点だとたいていの人が感じています。

ただ、新喜劇を踏み台のように思っているかというと、それは全然違います。ここからは私の個人的な思いになりますが、テレビには出たいと思っているけど、それは最終的に新喜劇を盛り上げたいという気持ちから生まれたもの。テレビに出て、スターがこんなにいる劇団なんだと世の中の人に知ってほしい。そんな気持ちです。

わがままかもしれないですけど、テレビに出て「新喜劇を見てください」って宣伝するのはしたくないんです。例えば、阿部サダヲさんを知って『大人計画』に興味を持つような、もっと自然に派生していく形が理想的だなと思っているので、今のように若い世代が新喜劇に足を運んでくれるのは本当に嬉しいことです。

笑いは、押し付けて見てもらっても仕方ないので、「あの人どこに所属している人なんやろう」とか「今度見てみたいな」と思ってもらうところからスタートしたい。そのために、テレビに出て自分を知ってもらいたいんです。その結果新喜劇が盛り上がってくれて、たくさんの人に笑ってもらえたら、こんなに嬉しいことはないです。

父を見送れなくても

自分の父が亡くなったとき、私はいつものように新喜劇の舞台に立っていました。この話自体はネットの記事でも取り上げられていたので、ご存じの人も多いと思います。今回、書籍化に当たり当時の記憶を振り返るいい機会をいただいたので、私の心情やまわりの反応も含めて、みなさんに読んでいただきたいと思います。

父が亡くなる前日、私は一睡もせずに父との時間を過ごしました。母は酒屋の仕事と看病でかなり疲れていたので、母と入れ替わるようにして父の看病をしていたのです。父はこのときすでに薬の影響もあり、ほとんど意思の疎通ができません。すでに昏睡状態だったのです。

入院していた部屋のエアコンの調子が悪かったので、窓を開けてひたすら父が暑くないようにとうちわで仰ぎ続けるだけの時間でしたが、それでも私は父が大好きだったし、同じ時間を過ごせているだけでも幸せでした。しかし、そんな父が意識を持ち直した瞬間がありました。

私が新喜劇の舞台に行かなければいけない時間になり、また私と入れ替わるように母が病室へとやってきたときのこと。開いた窓から、一羽の鳥がヒュッと病室に迷い込んできました。父はその鳥をジッと見つめ、鳥が飛ぶ様子を目で追いかけたのです。窓から出ていった鳥を見送ってまた父は目を瞑ってしまいましたが、私は母と「今、目開いたね!」と一緒になって喜びました。

その後私は、病室をあとにしていつものように劇場へ。そして、1公演目が終わった後……母から父が亡くなったという知らせを受けました。吉本のマネージャーを含む、社員の方からは「今すぐにお父さんのところに行ったほうがいい」と声をかけていただきましたが、母と相談の上で舞台に立つことを選びました。

「まわりの人にご迷惑をおかけしてしまうから、舞台に立ちなさい。お父さんだって、そんな姿喜ばないよ。きっと舞台に立てって言うはずだから」

母の言葉に、私も共感したのです。しかし、悲しい気持ちまで押し殺せるわけではありません。次の舞台まで2時間の合間があったのですが、その間ずっとトイレにこもって、わんわん泣きました。

そして、なぜかそういうときにかぎってテンション爆上げの役なんですよね。宇宙からやってきた変な女の子役。普通の女性役よりも、意味の分からないことを言って、リアクションも大きめにしなければいけないので、心と身体がちぐはぐになっていくような、不思議な感覚になりました。

そんな姿を見て、あき恵姉さんや同じ舞台に立った人たちは、いつものようにセリフを話しながら、舞台でボロボロと涙を流してくれました。

「お父さんが亡くなってつらいはずなのに、いつもの舞台よりもはじけて、笑いを取っているたまちゃんを見ていると、つらくて仕方なかった」

笑いを取るのは芸人としてはいいことです。だけど、笑いを取れば取るほどに、まわりの仲間たちは泣きました。あのときのことを思い出すと、悲しいやら嬉しいやら、何といって表現していいのか分からない感情に包まれます。

父が亡くなった後、藤井隆くんがお酒を持って家に来てくれました。家の布団に寝ているかのように安置されている父を見て、藤井くんがポツリとつぶやきました。

「お父さん、お酒好きだったから」

そう言いながら、ティッシュにお酒を含ませて、父の口元にトントンと優しく押し当てる光景を見て、本当にありがたいことだなと思いました。私の父が亡くなったのを、自分事のように受け止めてくれる仲間の温かさを、今でも覚えています。

父を亡くした後私の体重は激減し、２週間で10キロ近く痩せました。つらくて、悲しくて、苦しくて、食べ物が喉を通らなかったのです。そんな私を見て、ご飯に誘ってくれる仲間、笑わせてくれる仲間、一緒に悲しみに浸ってくれる仲間。みんな、私にとってかけがえのない存在です。

吉本の顔になる

吉本新喜劇65周年記念イヤーのメインキャラクターに選ばれたときには、嬉しくて号泣しました。今までにも、何度か「座長になりませんか？」と声をかけられるタイミングはあったんですが、「どこかで絶対につまずくだろう」という不安が大きくて、お断りさせていただいていました。

私が新喜劇の舞台に立ち始めたときには、男性の立場が女性よりも高かったし、先輩を立てて道を開けるという体育会系の意識が強かったと思います。例えば、先輩が食べるまでご飯に手をつけてはいけないとか、一人でも先輩がその場にいるなら「失礼します！」と大きな声で挨拶をするという文化など。

先輩に口答えすることは許されなかったし、言うことを聞かなければ物が飛んでくる時代を過ごしていると、どうしてもその癖が抜けません。今でも先輩を見れば気にしてしまうし、私は性格的にもまわりを気にするタイプなので、そもそも座長には向いていないだろうなという気持ちもあったと思います。

力のある人が上に行くという時代を引っ張っていけるのは、きっと今までの環境に染まっていない人。私はそういう人を一員としてサポートするほうが性に合っているのでしょう。

しかし、今回吉本新喜劇65周年記念イヤーのメインキャラクターに選ばれたときには、自分の中で少し違った変化がありました。それは、以前よりもうまくできないだろうという不安が小さくなっていたこと。

もう、私は年齢も年齢だしかっこ悪いところを隠すのをやめよう。そう思ってから、自分の芸も広がりを見せ、新しいことにチャレンジしてみようと感じるようになりました。

メインキャラクターに選ばれたからといって、今までの私がやってきたことと大きく何かが変わることはないし、新喜劇の島田珠代であることは変わりません。まわりの人から見たら、その変化は微々たるものでしょう。

ですが、私の中では選ばれることを前向きにとらえられるようになったのも、すごく大きな変化なのです。

愛されるおばちゃんでいたい

今活躍する若手や、これから芸人の世界に入ってくる人たちとも、私は積極的に笑いを生みだしていきたい。そう思っています。自分が若い頃には、先輩と後輩の関係は絶対的なものだったという話を書きました。しかし、私自身は先輩として扱ってほしいという気持ちは微塵もありません。

若手が頑張って先輩にツッコんでいるのに、「今、なんて言うたん？　もう一回言ってみ？」とマジなトーンで話されたら、絶対に委縮してしまうし面白いものも面白くならないと思っているからです。

実際に、そうやって後から怒られる芸人さんを見てきましたけど、やっぱり次の舞台やテレビで一緒になったときにも、かなり緊張しているように見えました。緊張を感じるのは私もよくあるし、そういうのを力に変えてきたので緊張させるなんてよくないとは言いません。

しかし、手足がブルブルと震える若手を見ていると、いたたまれないというか、かわいそうになってしまうんです。自分の芸に対する緊張だけで精一杯のはずなのに、それ以外にも考えないといけないことがあるなんて大変です。

私は芸人であって、人を笑わせるのが仕事です。先輩として敬ってほしいという気持ちよりも、みんなでお客さんを笑顔にできることに価値がある。それはどんなときも揺るぎません。

最近では、私よりも若手の人たちのほうがテレビ慣れしているくらいです。だから、MCをしているのが若手の人でも、頼りがいがあるなという気持ちで見ています。

後輩からツッコまれて、「なんでそんなん言うの～？」と甘えた声でボケるのも、それはそれで面白くて私は大好きです。視聴者の人が「うわ～、こんなおばはんが甘えた声だして、気持ち悪っ」って言ってくれる声が脳内で再生されて、心の中では「せやろ？ 気持ち悪いやろ～？ でもあんたそういうの好きやんな？」と思っていたりします。

これからも、新しい世代とともに笑いを届けられることを、心から願っています。

吉本新喜劇の座員には、本当に悪い人がいないんです。
チームワークがすごくて、「いい軍団だな」と感じています。

［第3章］女としての本能

ピラフがこぼれる初デート

あき恵姉さんに「かわいこぶったら笑いに繋がるよ」とアドバイスを受けたときに、もうひとつ大切なことを教えてもらいました。新喜劇は喜劇ではあるものの、その根底にあるのはお芝居です。台本の役柄には恋愛をする女の子という設定もあるし、男を手玉に取る女性という設定もあります。

「仕事でも恋愛のお芝居をするんだから、実際に恋愛をしてみるのもいいと思う」

それまでの私は、恋愛なんてしたら笑いに鈍感になると思い込んでいました。でも、あき恵姉さんの言葉を聞いて、「確かにあき恵姉さんの言うとおりやな」と感じたので、確実にあのときの言葉が、恋愛に目を向けるきっかけになっていると思っています。実際に、その成果が笑いに生かされているのかは分かりませんが、私の人生が豊かになったのは間違いありません。

芸人になって初めての恋は、テレビ局のＡＤさんでした。全然話したことがない状態にもかかわらず、劇場の前で毎日のように待っていてくれました。

「好きです！　デートしてください!!」

そう言われても、私から見たらよく知らない人です。生来の人見知りが顔をのぞかせて、怖いから無視して通りすぎることしかできませんでした。最初は警戒していましたが、仕事を一緒にするうちに立ち話をするようになり、電話番号の交換をして、休みの日に長電話をする仲に発展します。

今は電話番号の交換くらいなら出会ってすぐにする人もいるでしょう。でも、昭和の時代はそう簡単なことではありませんでした。携帯電話はない時代なので、電話は家にある一台だけ。しかも、電話をかけるとその家に住んでいる家族が出る可能性があるのです。母から「また電話かかってきてるよ」と言われる私も、「代わりますからちょっと待ってくださいね」と言われる相手も、ドキドキする。そんな時代がありました。

だから、昭和では長電話をするところから恋が始まると言っても過言ではなかったんです。例にもれず、私もその人と長電話をするようになり、初デートの誘いを受けることになったのですが、そこでも生来の人見知りが顔をのぞかせてしまいます。男性と二人で食事をするという想像をしただけで緊張してしまう私。そんな私が助けを求めたのは、あき恵姉さんでした。

「あき恵姉さん。お願いだからデートについてきてほしい」

こうして、初デートはあき恵姉さんという保護者同伴で行くことになったのです。当時の私は、男性に食べている姿を見られるのがものすごく恥ずかしい行為だと思っていて、まったく話に集中することができませんでした。

もしかして「スプーンに乗せるピラフの量多すぎやない?」って思われてる?
食べ方が汚いって思われてるのかも。
え、待って。スプーンを口の中に入れるときに、口の中見られてる?

そんな考えが頭の中にあふれ出して、私の緊張度はマックス。皿にあるピラフをスプーンで口に運ぶまでの間に、手が震えてすべて床にまき散らしてしまうという失態を犯してしまったのです。

私が、ピラフと格闘している間にも、あき恵姉さんは「どんなところが好きなの?」とお相手に話を振ってくれているのに、私はまったく会話に参加できないまま時間だけが過ぎていきました。結局、その日の記憶はピラフの具についてしかなく、何度思い返しても何を話していたのか、あき恵姉さんがどんな服を着ていたのかも覚えていません。

キスからの逃亡

何回かデートを重ねるうちに、二人でもご飯に行けるようになった頃、その人から「ウチにおいでよ」と誘われて家に行くことになりました。その人はカメラの勉強もしていたので、自分が撮影した映像を見せてくれて、将来はどんな映像を撮りたいか、そしてどんな仕事をしたいのかについて熱く語ってくれたのが印象に残っています。

自分の夢について語っていた彼が、急に黙り込んで私をジッと見つめた瞬間。私は「あぁ、これが俗に言う〝いい雰囲気〟ってやつなんだな」とぼんやり考えていました。そしてそっと彼の顔が近づいたとき……私は思ってもいなかった行動を取ります。

自分のカバンをひったくるようにして手に取り、玄関に全力でダッシュ。自分の靴を片手で持ち上げて、そのまま部屋を後にしました。靴も履かずに階段を駆け下りて、前だけを向いて走りました。

なんでこんなことをしたのか。理由は大きく分けて2つあります。ひとつは、私は小さい頃から「結婚する人じゃないとそういうことはしちゃいけない」という価値観で育てられていたから。彼の顔が近づいてきたとき、なぜだかは分からないけど、私は大人の関係になることを許してはいけないと感じてしまったのです。

そしてふたつ目は恋愛よりも仕事のほうが大事だと改めて実感してしまったから。この時期は、男性の股間を指先ではじく「チーン」というネタが生まれた直後で、今ここで男性と本当にいやらしいことをしてしまったら、舞台上でできなくなってしまう気がしたのです。

私はまだまだお笑いをしたかったし、自分はこれから光り輝くんだと信じていたからこそ、目の前の男性から逃げ出すことになってしまいました。男性と関係を持って、仕事に影響が出てしまったらどうしよう、そんな不安が若い私には払拭できずにいました。

気持ちが落ち着いて、このまま終わりにしてはいけないと思ったのですが、その後何度電話をかけても彼に繋がることはありませんでした。こうして、ひとつの恋愛が終わりを告げたのです。

壊れたプライド

24歳のとき、新たに恋をしたADの人。ロケをしているときに、私を気遣ってくれたり困っていると助けてくれたり……それまでは男性に対して積極的にアプローチできなかった私が、自分から「一緒にご飯に行きませんか?」って誘うくらい好きになりました。

女性から食事に誘ったとなると、私が恥ずかしい思いを抱えるのではないかと考えて、彼は改めて「一緒にご飯に行きましょう」と誘ってくれるような人。そんなところにもすごく惹かれていったのです。何度かご飯に行くようになっても、帰り際に花束を渡してくれたりもして、すごく紳士的だなと感じました。

そして、3回目のデート。手を繋いで私が一人暮らしをしているマンションまで送ってくれました。マンションの下に着いたとき、ふいに彼の顔が近づいてきて壁ドン。そのまま優しく口づけしてくれました。

初めてのキスに驚きと興奮を抱きながらも、マンションのエントランスにあるオートロックの扉を開け、後ろを振り返り「ありがとう！　じゃあまた……」と声をかけると、彼が一言。

「おうちに行ってもいい？」

その瞬間、私の頭の中でいろんな考えが駆け巡りました。

え、ちょっと待って。このまま家に来て何するつもり？　もしかして、大人の関係になるってことなのかしら。確かにキスはしたけど、展開が早すぎない？　あ……やだぁ。今日に限ってわき毛剃ってないし、もう絶対にこんな姿見せられない。とりあえず今日は無理よ。私の心も準備できてないし、わき毛も準備できてない。ダメ！　今日はダメ！

家に入れてはいけないという気持ちから、私は彼が入ってこないようにオートロックの扉の近くにあった「閉」ボタンを押しました。すると、ちょうどこちらに来ようとした彼が扉に挟まり、動けなくなるという緊急事態が発生。扉が少し開いては、また閉じようとするので、まるでコントのように彼は何度も扉に押しつぶされていました。なんとか脱出した彼は、扉が閉まる瞬間に消え入るような声で言いました。

「僕のプライドは傷つきま……」

彼が言おうとした言葉を遮って、オートロックの扉は閉まり、彼と私の間には物理的な壁ができたのです。そして、彼は静かに帰っていきました。

こんな事故があっても、私としては別れるつもりはありませんでした。初めてのキスをした人だし、こんなことで終わりにするなんて絶対によくない。ちゃんと話し合って謝ればまた元に戻れるはずだと考えていましたが、実際は彼のプライドをかなり傷つけてしまっていて、何度電話をかけても彼が出ることはありませんでした。

その頃、彼が担当している番組がほかにもあることを知った私は、その番組に出演しているタレントのマネージャーに、行きつけのバーを教えてもらうことに成功。なんとしてでも彼ともう一度会いたくて、仕事で行けない日以外は毎日のようにそのバーに通い、待ち続けました。

私がその店の常連客になってきた頃、バーテンダーさんに「彼って今でも来てるの？」と聞くと「来てますよ」という答えが返ってきました。

たまたま、ロケで私が来られない日にお店に来たのかもしれない。

今思えば、バーテンダーさんに連絡をしてから店に来るかどうかを決めているのかなと思いますが、このまま通い続けていれば会えるはずだと希望を見いだしていたのです。

彼との接点

彼と会うためにいつものようにバーを訪れたある日。一人の男性が私に話しかけてきました。その人は吉本芸人のマネージャーで、私の姿を見て挨拶をしに来てくれたのです。バーに来るようになった経緯を話すと、マネージャーは彼の友だちだそう。

「僕、彼と飲み友だちですよ！　よくここにいらっしゃいますよね」
「え!!　そうなんですか！　あのぉ〜……こういうのって本当はよくないって分かってるんだけど、今度テレビ局に電話してもらって、彼が出たら私と代わってくれませんか？」

突然現れた彼との接点を前に、藁にもすがる思いで頼みました。個人的なお願いをするのはよくないと思いましたが、なんとしてでも彼と会いたかったのです。断られても仕方ない状況にもかかわらず、マネージャーは「分かりました」と了承してくれて、後日本当に電話を取り次いでもらえることになりました。

久しぶりに聞く彼の声は、懐かしくて涙が出ました。しかし、電話の相手が私だと知るとテンションがガクンと下がり「あぁ～どうも」と言ってガチャンと電話を切られてしまいました。それでもめげずに電話をかけると、「もう電話とかいいんで。大丈夫です」と丁重なお断り。

電話がダメならファックスだ!!と考えて、取り次いでもらったマネージャーさんが仕事のために送る資料に混ぜて「よかったら電話ください!!」と彼宛のメッセージを書きました。その後も何度か自分の気持ちを綴ったファックスを送りましたが、返信はなし。

どんなに私がやり直したいと思っていても、彼の気持ちが私に向かなければ関係の修復なんてできるわけがありません。これで最後にしようと送ったファックスにもリアクションはなく、私は彼との関係を諦めることにしました。

バーで出会った吉本のマネージャーにもそのことを伝え、今までのお礼も兼ねて一緒にご飯へ行くことにしました。本来だったら男性とご飯を食べるのは緊張するのですが、そのマネージャーはいわゆる同志のような感じ。そもそも私のタイプの男性ではなかったので、緊張もせずにただ美味しいものを食べて、バカみたいに笑うという時間を過ごしました。

しばらくの間、元カレとやり直したいと奔走していたので、緊張から解き放たれたぶんすごく楽しい食事会になりました。

「こんなに笑ったの久しぶりやわ。いろいろ面倒なこと頼んでごめんな」

今までの感謝、そして迷惑をかけてしまった申し訳なさを伝えて、その日はお開きにすることに。店の前で「じゃあね」と別れて家に帰る頃には、心が軽くなっていてすがすがしい気持ちでした。

夜風を感じながらリラックスして歩いていると、つかずはなれずの距離を保ってついてくる足音に気づきました。最初は気のせいかと思っていたのですが、背中からずっと人の視線を感じるのです。相手の顔を確認してやろうと、思い切ってクルッと後ろを向くと、そこにいたのは先ほど別れたはずのマネージャー。

「え!? 何してるの!」

「珠代さんはうちの大事な商品だし、何かあったら僕の責任になるんで家に帰るのを確認するまでは見守ろうと思ってました」

後ろからついてくる不穏な足音が、見知らぬ人からの下心ではなく、気心の知れた人からの心配だったと分かって心底安心しました。そこから家まで送ってもらうまでの間に、自然と「次はどこに飲み行く?」という話になり、いつしか会うのが当たり前になっていったのです。

このときのマネージャーと、のちに1年半の同棲期間を経て結婚。本当はもっと同棲期間を楽しみたかったですが、私の母に「同棲するくらいなら結婚しなさい」と助言されて、結婚へと踏み切ることになりました。

すれ違う結婚生活

結婚式が終わった次の日、私はフィリピンへのロケが入っていて、夫も東京に行かなければならなかったので、結婚したもののあまりゆっくりとした時間を過ごせるわけではありませんでした。

さらに、しばらくして夫の東京への転勤が決まり一緒に生活することが難しくなってしまいます。2週間に1回くらいの頻度でお互いの家を行き来しては、また仕事へと戻っていく生活が2年ほど経過した頃、ようやく同じ家に住めるタイミングがやってきました。

これでやっと私たちの関係も深まっていくはずだと思いました。でも、現実はそう甘くありません。

当時、夫が吉本の新規事業の立ち上げにかかわることになりました。今で言うところの芸人さんがYouTubeに動画を投稿するようなものだと考えてもらえると分かりやすいかもしれません。芸人さんの家に行って、その場からネット配信するというシステムで、ターゲットは会社から帰ってきた人たち。つまり、夫は昼夜逆転の生活をしなければならないということです。23時くらいから朝までずっと仕事をしているから、私が家にいる時間には帰ってこないし、私が仕事に行く時間になると夫が帰ってきて爆睡。お互いの生活がどんどんとすれ違っていきました。

もしも、私が専業主婦だったらもっとうまくいっていたのかもしれないと思うこともあります。私は私で昼は仕事があり、帰ってから急いでご飯の用意。一緒に食べようと帰りを待つ日も多かったと思います。

でも、帰ってきても「疲れているからとりあえず寝たい」と言ってそのまま倒れ込むように寝てしまうことも。そしてご飯には手も付けずにそのまま仕事に行くのを繰り返されていると、寂しいというか切ないというか……。

寂しさは苛立ちに変わり、夫のジャケットのポケットからキャバクラの名刺が出てきただけで大騒ぎ。

「私とは一緒に過ごしてくれないのに、ほかの女とは酒飲んで楽しんでんのか!!」

本当は、ただ「寂しい」と言いたかっただけ。ただ「一緒にいたい」と知ってほしかっただけ。でも、まだ精神的に成熟していなかった私は言葉の限りを尽くして、夫を責め立てたのです。どれだけ夫が「ごめんね」と言っても、一度苛立ちに火がついてしまったら、自分で落ち着かせるのはほぼ無理でした。どうしようもないことを責め立てられるのは、どれだけつらかっただろうと今では思います。本当に申し訳ないことをしてしまいました。

夫は優しい人だったので、決して「仕事なんだから仕方ないだろ!!」と声を荒げたりすることはありませんでした。むしろ、私がちょっとしたことで怒っても「そうだよね、ごめんね。僕が一緒にいる時間をつくれないから……」と言ってくれる優しい人です。

その優しさに甘えた結果「夫が悪いと認めているんだから100%夫が悪い」という意識が強くなり、歩み寄る努力をしなくなってしまったのです。端的に言ってしまえば、当時の私は怒らない夫を見て調子に乗っていたのでしょう。

「あなたがキャバクラに行くなら、私も自由にしていいんだよね?」

自分ばかりが我慢していると思っていた私は、夫にそんなセリフを吐きすてて友だちと夜まで飲んで帰ったり、当てつけのように男子と飲みに行ったりするようになりました。浮気こそしませんでしたが、その関係は次第に夫婦と呼べないくらいに悪化していきます。そんな生活が続いてしまったので、さらにお互いの信頼関係もなくなっていきました。そしてついに、私は8年続いた結婚生活に終止符をうつ決断をしたのです。

今になって思うのは、同棲を3年ほどしていたらお互いが怒るポイントや、大切にしたいことを共有できたのではないかということ。1年半では分からなかった彼の姿が、結婚後に気になるようになったのでそのように思うのかもしませんが、私はみなさんには3年くらいは同棲することをおすすめしたいです。

そのくらい余裕を持って相手のことを知り、自分のことも知ってもらうことは大切です。同棲している間に基盤を固めて、お互いが同じ空間にいなかったとしても信頼できるような関係をつくっておけたら、キャバクラに行ったことを責め立てたりしないで済んだのかもと後悔しています。

五感を刺激する男

2人目の夫との出会いは、名古屋で撮影した連ドラがきっかけです。連ドラの仕事をいただいたときには、まだ最初の夫との結婚生活が続いていたので、ただ遠くから見て「かっこいい人やなぁ」と見つめるくらい。最近で言うところの推しのような感覚でした。

彼の仕事は、小道具や大道具などを管理する美術スタッフ。働きぶりはもちろんですが、なにより私の琴線に触れたのは〝顔〟です。私の好みはハマ・オカモトさんのような人がタイプで、薄めの顔にヒゲとメガネ、そして寡黙っぽい雰囲気をまとった彼が、私にとっては癒しでした。

それに加えて、ファッションセンスも私のドストライク。昔からデニムが似合う人に心が惹かれるのですが、彼の履きこなしはピカイチでした。野球選手のように筋肉質だとパツパツになってしまうし、だけど、細身の人が履くと野暮ったくなってしまう。

彼の身長はそんなに高いほうではなかったので、スタイルを生かすような履き方というよりは、デニムの形を生かした履きこなしをする人なのです。それがものすごく似合っていて、こんなにかっこよくリーバイス501を履ける人がいるのか！と驚きました。

しかし、見た目だけに惹かれたわけではありません。もちろん内面も素晴らしかった。会話のセンスや笑いの引き出しも多く、どんな話をしていても楽しいと思えたので、もっと一緒にいたいと思うようになったのです。


ドラマのシーズン1の撮影が終わり、その半年後にシーズン2の撮影が始まることになりました。そのときの私は離婚したばかりで、次の結婚について積極的に考えていたわけではありません。

演者のみなさんと話しているときに、「実は私、離婚したんですよね」と報告。すると、まわりの人は「じゃあ、あの人と付き合えばいいじゃん!!」と冗談めかして私たちをくっつけようとしたのです。そのタイミングで、お互いより意識して会話をするようになり、少しずつ距離が縮まっていきました。

私にとっての推しであり、アイドルでもある彼は、とにかく私の五感を刺激する男だったのです。

あなたの子どもが欲しい

2人目の夫と付き合うようになった頃、私は「子どもが欲しい」という気持ちが強くなっていました。それは、自分の年齢的な話ももちろんありますが、それだけではなく彼の子どもが欲しいと思ったのです。

比較するわけではありませんが、1人目の夫との間でも「いつ頃になったら子どものことを考えるか」という話になったことがあります。しかし、そのときの私は子どもを持つことを積極的には考えられませんでした。

今、子どもができてしまったら仕事を休まなければいけない。

子どもがある程度大きくなったとき、私に戻れる場所は残されているだろうか。

しかし、2人目の夫と結婚してからは自分の気持ちに大きな変化があったのです。仕事に対する不安がなくなったわけではないのに、「それでも彼の子どもを産みたい」と、私の心が叫んでいました。この本の中で「同棲は3年くらい続けるのがおすすめ」と書きましたが、この頃の私は「同棲なんてすっ飛ばして、はやくジャッジしないと、彼の子どもが産めなくなるかもしれない」と思っていたので、考えたとおりには人生は進まないということなのかもしれません(笑)。

36歳で再婚して、37歳で妊娠が分かり、38歳で子どもを産むことになりました。私よりも稼ぎこそ少なかったですが、そんなことが気にならないくらいに私は彼のことが好きでした。これから、どんなに性格的に合わない部分を見つけたとしても、絶対に夫婦としてちゃんとやっていこうという意気込みも十分ありました。

しかし、娘が生後8ヵ月を迎える頃。彼の身体がガンに侵されていることが発覚します。それまで、ケンカなどしたこともないくらいに仲のよかった私たちですが、この時期を境に関係がこじれていきます。

両手からこぼれる夢

ここで、少しだけ彼のことを紹介しようと思います。小道具や大道具の美術スタッフとして、チーフを任されることもあり、まわりからの信頼も厚い人だったと思います。

これは、私が彼と別れた後に起きた出来事なのですが、ある日大阪でご飯を食べていると、偶然居合わせた女優の井上真央さんに声をかけられました。実は井上さんが子役として出演していた『キッズ・ウォー』で美術を担当したのが、2人目の夫だったのです。

彼女は、私の前でボロボロと涙を流しながら当時のことを話してくれました。ドラマの撮影でジャンプを読んで笑うシーンがあったときに、ジャンプの間に思わず笑ってしまう写真を挟んでくれていたこと。子どもの多い現場だったから、みんなが退屈しないように気遣ってくれたこと。そして最後に、井上さんが『キッズ・ウォー』の撮影を乗り切れたのは、彼のおかげだと言ってくれました。

誰かにこんなに慕われるなんて、よっぽど仕事が好きだったんだなと思います。それに加えて、彼は子どもも好きでした。

まだ彼が元気だった頃、自分の仕事をどうやって表現しているか、そしてこれからどんなことを仕事にしたいか。熱く語ってくれたことがあります。目を輝かせて未来を語る彼の顔は美しかったです。

しかし、ガン治療のために薬を飲むようになって、穏やかだった彼がイライラするようになりました。治療を続けてもなかなかよくならず、むしろ身体は次第に自分の思うとおりには動かせなくなり、人工肛門の手術を受けてからは激しい仕事もできなくなりました。当時の私は、そんな彼に対しての理解がまったく足りていませんでした。

「最近、夜の営みが減ったよね」
「このままじゃ私は女じゃなくなっちゃう！」

今になって思えば、なんでこんなことを言ってしまったんだろうと思います。彼が失ったもの、これから失うもの……そんな未知の恐怖と闘っているときに、私は自分が女として見られるかどうかを心配して、不満を押し付けていたのです。

娘を生きがいに

娘が大きくなってきて1歳を過ぎると、私たちのケンカを見て「ただごとじゃない」と感じるようになったのか、私たちの仲を取り持とうとする言動が見られるようになりました。

しかし、夫は夫で薬の副作用によって、物がなくなると私の母が取ったと思い込むようになったり、当時働いていた会社の人に当たり散らかして帰ってきたり、落ち着いて話ができるような状態ではありません。

母が、スーパーでから揚げの総菜を買ってきてくれたときのこと。夫は母に対して半笑いしたまま近づいてこう言いました。

「おかあさん、から揚げってお肉を切って、タレと揉んで、揚げたらできるものですよ？分かってます？」

忙しい中で、時間を見つけて用意したご飯。それに対して嫌味を言われたので、母は「すごく腹が立つ!!」と怒っていました。そんなことが日常茶飯事だったのです。私が帰ると、母からも夫からもお互いの愚痴を聞かされる日々。

いよいよつらくなってしまった私は、母に悪いとは思いつつも家のことを任せて、飲みに行ってしまう日もありました。私はあのとき、自分が帰るべき家から逃げたのです。

もう限界だと思ったとき、私は夫に離れて暮らすことを提案しました。しかし、夫は絶対に娘とは離れたくないと言います。

「どうしても娘を連れていくと言うなら、裁判したっていい」

夫がそう言ったとき、私は裁判に応じる気にはなれなかった。彼が一般人であること、そして娘がまだ小さいこともあって、もしここで私が裁判をしたら、きっと週刊誌に面白おかしく情報を切り取られてしまう。それがなによりも怖かったのです。

話し合いの結果、私からの条件をふたつだけ受け入れてもらうことになりました。1つ目は、娘に会いたいときには自由に会わせてほしいということ。そして、2つ目は中学生になったら、本人がついていきたいと思うほうを選べるように機会を設けること。

夫からは、娘を自分のお金で養いたいので籍を抜いてほしいという相談がありました。それまで幼稚園は、私の収入に合わせた月謝だったので、収入面を考慮して別れたい、と。そして、中学生になるまでは娘が彼と一緒に住むことを受け入れてほしいということでした。

娘は、私にとっても生きがいです。何度も考え直してくれと彼に言いましたが、話は一向に進まず、私としても身を切る思いで娘を託しました。

こうして、自分たちの希望を書面にして約束を交わし、私たちは離婚。娘と離れて暮らす日々がやってきたのです。

娘と離れて過ごしてからは、町で子どもを見かけるだけで「あっ……娘だ!!」と思ってしまう。いるはずがないと分かっているけど、反射的に自分の子どもに見えてしまうのです。

その一方で、離れて暮らすことになってよかった理由を私は考えるようになりました。

彼と彼のご両親が家にいたので、娘が帰ってきたときに誰かがいるという環境の方が娘にとってはいいのではないか。新喜劇の稽古が深夜遅くまで続くこともあり、私と一緒に生活していたら、それはそれで寂しい生活をさせていたのではないか。そうやって、自分を納得させる以外に、気持ちを落ち着かせる方法がありませんでした。

しかし、娘が小学2年生の頃に、一緒に住んでいたおばあちゃん(彼の母)が亡くなり、その2年後にはおじいちゃん(彼の父)が亡くなりました。時期を同じくして、彼自身の病気も悪化。ガンが足に転移して、歩くのもままならない状態になってしまいました。

そんな状況になっても、彼は私に頼ることはありませんでした。むしろ、娘を取り上げられると考えたのか、今の状態を知られたくないと思っていたようで、娘の暮らしている環境を知ることになるのは、だいぶ時間が経ってからでした。

娘の救世主

彼が生活の面倒を頼ったのは、地元にいる親友の女性たちでした。日替わりで家に呼び、家事をしてもらっていたようです。その女性たちも、毎日のようには通えないので娘が洗濯物を畳んだり、彼の世話をしたりすることもありました。

そんな様子を知った私の母は、「私が面倒を見に行きます！」と名乗りをあげました。母と彼は犬猿の仲だったので、母としても行きたくない気持ちはあったと思います。しかし、当時母にこんなことを言ってもらいました。

「よく、おばあちゃんは孫に甘いとか言うでしょ。でもね、そうじゃないのよ。誰だって、孫より子どもがかわいいの。自分の子どもが子育てで大変な思いをしているから、孫の面倒を見ようと思うし、あなたの血が流れているから、孫のこともかわいいと思えるの」

母は、私の救世主であり、娘の救世主にもなってくれました。あの頃のことを娘に聞いたことがあるのですが、やはり母と彼は毎日ケンカばっかりだったそうです。娘は、そんな生活に慣れるしかなかったと言いました。

「また二人でやってるわって思わないと、気分が滅入るだけだから」
「それでも、ばあちゃんが洗濯物を畳んでくれて、ご飯をつくってくれたから、私はひもじい思いをしなくて済んだんよ」

この言葉に、娘の苦労が詰まっている。そんな気がしました。毎日のように知らない女性が来る日々を、幼い娘はどのように感じていたのでしょうか。その人たちがいなければ、自分は生活していけないという中で、子どもらしく振る舞うことはおそらくできなかったと思います。

何か思うことがあっても、目の前にいる人に嫌われてしまったら生きていけなくなってしまう。意識的にではないにしても、人の顔色をうかがったり、人に好かれるような立ち居振る舞いが身につくきっかけにはなるはずです。そして、この娘の処世術が何年か後になって、私と娘の間に大きな亀裂を生むことになります。

空に旅立つ日

ガンが見つかったときに、あと4年くらいしか生きられないと言われていた彼ですが、11年を過ぎた頃になると、「まだまだ生きると思うわ」と笑いながら話していました。

「書面では中学生まででって約束したけど、娘が20歳になるまで一緒にいられるなら、それまで生きるから。だからそっちには行かせられへん」

彼が医者の予想よりも長く生きられたのは、娘という生きがいが近くにいたからなのかもしれません。娘がいるから仕事を頑張る。娘がいるから治療がつらくても頑張る。そういう気力が彼を支えていたような気がしてなりません。

私自身も、まだまだ元気に生きるなと思っていて、母も同じように感じていました。しかし、娘が小学6年生になった年の12月23日。彼はこの世を旅立ちました。あと3ヵ月で中学生になるこのタイミングで。書面の約束通りになってしまったことが、とても偶然とは思えませんでした。

亡くなる2週間前、彼から連絡があったときのこと。

「あ～……死ぬの怖いな」

その頃は、だいぶ痛みが強かったみたいで珍しく弱気なことを言っていました。痛みを軽減するための薬で朦朧《もうろう》としているのか、ぼんやりと聞き取れるかどうかくらいの声。その言葉を聞いて、私も正直に思っていることを伝えました。

「娘の身体に、あなたの血が流れているんだから、あなたはいつまでも死なないの」

「……いいこと言うな」

私に似ていると言われる娘だけど、私はあなたにそっくりだと思う。だから、私は娘の顔を見ているだけで、今でもすごく幸せな気持ちになります。私の好きなタイプがハマ・

オカモトさんだから、世間的に見てかわいいのかは分からない。だけど、私にとっては完璧で最高の子ども。ずっと見ていられるし、思わず「かわいいなぁ」と声に出してしまうくらい。

あのとき言ったように、今もあなたは娘とともに、そして私の記憶の中で生きています。同じ時間を過ごすことはできないけれど、それでも彼に感謝を伝えたい。

こんなに愛らしい子どもを本当にありがとう。おやすみなさい。

妊娠中でお腹の大きな私と、2人目の夫。
娘に出会わせてくれたこと、本当に感謝しています。

［第4章］珠代の宝物

ぶつかり合う私と娘

娘が中学生になるタイミングで、私たちは一緒に住み始めました。それまでの私たちは、たまに会ってご飯を食べ、遊びに出かけるくらいの関わり方だったので、お互いに取り繕ったいい面しか見せていませんでした。

私は、これまでの時間を取り戻すように「ちゃんとした親にならないと」と意気込んでいたし、娘は「ママの機嫌を損ねたらあかん」と考えていました。だから、一緒に住み始めてしばらくの間は、正直な話、上辺だけの家族関係だったと思います。お互いが、家にいることをちゃんと受け入れられなくて、なんだかそわそわする。そんな時間が続いていました。

私の母は、結構しっかりしていて厳しい人です。だから、親の言うことは100%正しいと躾けられてきました。私も、親がこうしなさいと言ったら、そのとおりにするのが子どもの役目だと強く思っていたのです。だから、当然私の子どもも私の言うことを聞くはずだと思っていたし、実際にしばらくは娘も気を使って私の意見をなんでも聞いてくれていました。

娘から何か相談されたときに「こうしたらいいよ」と言うと、娘はいつも「ママが言うことが正解やわ！　そうするわ！」と、ニコニコしながら聞いてくれる。しかし、それは彼女がこれまでの人生で手に入れた処世術のようなもの。嫌われたら生活できなくなるという危機感があったんだと思います。

でも、中学2年生のあるとき。あれこれと指図する私に対して娘の不満が爆発します。

「私が小学校に行っている間、生理もきたし友だちともいろいろあった。本当は遊びたかったし勉強もしたかったけど、私は毎日洗濯物の山に埋もれるしかなかったの」

「ママは私が大変だったときに何もしてくれなかった。それなのに、ママは一緒に住んだら私に指図ばっかりする。一緒に住み始めてからママが悪いことだってたくさんあったのに、謝ってすらくれない」

その言葉を聞いたとき、私は娘の両肩をつかんで前後に揺らしながら、大声をあげていました。子どもが親に口答えをすることが許せなかったのです。

「あんた、親に対してなんてこと言ってんの？　誰のために働いてると思ってんの！」

「だからぁ……!!　ママのそういうところが嫌いやねん！」

そう言い捨てて、娘は部屋に閉じこもるようになってしまいました。すぐに部屋から出てきて、また元の関係に戻れるだろうと思っていたのですが、娘は2ヵ月経っても私と顔を合わせないように生活していました。

母から様子を聞くかぎり、学校には行っているようで、ご飯をちゃんと食べているということでしたが、娘に距離を取られるのがこんなにつらいとは思いませんでした。母とはコミュニケーションを取っているのを知ってから、私は自分の無力感に苛まれました。母に頼ってなんとかなっているなら、私なんていらないやん、と。

娘に口をきいてもらえない2ヵ月間は、人生で最もつらかった時期かもしれません。それまで、どんなにプライベートがごたごたしていても、舞台に立てば忘れられた。そのときだけは、役に集中できた。でも、娘との大ゲンカ中はふと頭に浮かんできてしまうのです。舞台に立ちながら仕事とは関係なく「つらい」と思ったのは初めてのことでした。

その日、落ち込んでいる私の元に、あき恵姉さんがやってきて、「たまちゃん、どうした？」と声をかけてくれました。ケンカをしたきっかけや、自分が娘にぶつけた言葉、そして娘から言われたことをかいつまんで話すと、あき恵姉さんは私を諭すような声で静かに話し始めます。

「そうやって部屋に隠れてしまうのも、謝れって言うのも、ぜんぶ母親に甘えてるのよ。もっと小さい子どもがママにすりすりしてるのと変わらん。成長して表現の仕方が変わっただけなんやから」

それなら、私はなんぼでも謝る。

あき恵姉さんに感謝を告げて、私は急いで家に帰りました。

月明かりの豆苗

私が間違っていた……帰ってはやく謝らなければと思いました。家についで息を整えてから、娘の部屋のドアを3回ほどノック。娘の気配はあったけれど、返事はありません。それでも、部屋にいるのは分かっていたので、思っていることを正直に話しました。

「ママが悪かった。ほんまにごめんな。これからは、ママが悪いことしたらちゃんと謝るし、何か納得できないことがあったら教えてほしい」

それでも、返事はありませんでした。後日、このときのことを娘に聞いてみると、こんな答えが返ってきました。

「本当はドアを開けたかった。でも照れくさくて開けられなかった」

そんなふうに思っていたなんて知る由もない私は、娘からの返事がないことを気にしていました。もう許してはくれないんだろうか。ずっとこのまま生活することになるんだろうか。いろんな不安が頭をよぎります。

しかし、ある日私が家から帰るとリビングに娘の姿がありました。私が帰ってきたことに気づいている様子でしたが、いつものように部屋に隠れるわけでもなく、ただぽつぽつと話し始めたのです。

「明るいところで育った豆苗と、暗いところで育った豆苗で味が違うか調べてるんだ。どっちが甘いか知ってる？　実はね……どっちも甘いんだよ。ママも食べてみる？」

娘の手から豆苗をもらって、一口食べる。

「本当だね……甘い、甘いね」

あんなに美味しい豆苗を食べたのは、初めてでした。

心を入れ替えて

娘との大ゲンカがきっかけとなり、私は自分の生活や仕事について考え直すことになりました。『徹子の部屋』で自分のプライベートな部分をさらけ出そうと思ったのも、今回の書籍化に前向きな気持ちで取り組めたのも、娘のおかげです。

親も大人も完璧じゃないんだと思えたから、『いいとも！』での失敗を認められるようにもなって、仕事上の変なプライドも捨てることができました。娘は「あのとき、思っていることを伝えられてよかった」と言ってくれますが、それは私も同じ気持ちです。娘が言ってくれなかったら、自分が間違っていることに気がつかなかったと思います。

新喜劇にも若い子がたくさん入ってくるし、最近の若い子たちは私たちから何かを吸収しなくても、自分で調べられる環境が整っています。もちろん、教えたほうがいいこともあるけれど、すべてにおいて大人が勝っているような時代ではないんだろうなと感じます。若者がやりたいことを、大人の価値観で「くだらない」と思ってしまうこともあるかもしれませんが、私自身も新喜劇が新しい体制になったとき、きっとまわりからそう思われていたでしょう。自分がやりたいと思ったことに挑戦するチャンスをもらえたんだから、私も若者にチャンスを与えられるような存在になりたいと思っています。

私が幼い頃にはSNSと呼ばれるものがなかったから、ついつい大人のほうが物知りのような気がしていました。でも、きっとそれは違うんだよね。

子どもたちには子どもたちの思う正解があって、それが私たちの当たり前と違っていたとしても、それでいいんだと思います。それくらい、私たちが生きてきた時代と子どもたちが生きている時代は違います。

これからも芸人を続けていくなら、一緒に仕事をする仲間だけでなく、見てくれる若い人たちにも喜んでもらいたい。だからこそ、若者に愛されるおばちゃんでいたい。娘との一件で、こんなにも自分の中に変化があるとは思いませんでしたが、私は今、変わっていく自分に喜びを感じています。

これからも、長く愛される芸人であるために。

ひろしさんとの出会い

現在のパートナーであるひろしさんと出会ったのは2人目の夫と別れた後、今から8年か9年ほど前のことです。

その頃の私は知人のご飯会経由で知り合い、ビビビときたある騎手の方に片思いをしていて、ひろしさんとお付き合いをすることになるとは想像すらしていませんでした。その片思いは今で言う〝推し活〟みたいなものだったのだと思います。競走馬を調教するトレーニング・センターが滋賀県にあり、私はその騎手の方と会いたいがために一時期は草津の居酒屋に足繁く通っていました。

居酒屋に通ったからといってお付き合いできるわけなどなくて、お店に行ったらあの人に会えるのではないか、向こうから声をかけてくれるのではないか、仲良くなれるのではないか、と勝手に想像を膨らませていただけです。実際に席をご一緒したこともあって、そのときに「珠代さんが店にいたら、またご一緒しますよ」と言われました。それで私の気持ちはグイッと傾いてしまった。ウキウキした気持ちで満たされながらも、どこまで行っても私の片思いのままなのだろう、こんなことを続けていても時間の無駄なのだろう、というのも徐々に感じるようになっていきました。

草津の居酒屋には4年くらい通っていましたが、年末になるとポロッと出てくるのが草津から大阪までのタクシーの領収書。その騎手の方とお酒を飲む時間が楽しくて終電を逃してしまい、翌日の仕事に間に合うようにタクシーで大阪に帰ることが何度もありました。その領収書を見て、こう思うのです。「私、何やってんねやろ」と。

そんな時期にあるバーで出会ったのがひろしさんでした。彼との出会いが、実ることのない〝推し活〟をあきらめるきっかけになったのです。

凪の状態が心地よい

ひろしさんは伊集院静さんの本が好きで、作中に出てくる老舗のバーに通っていました。私もそこに何度か顔を出すことがあり、なんとなく会話を交わす間柄になりました。

ひろしさんとの時間はとにかく話が弾みました。それはパートナーとなった今でも変わりません。東京で暮らしていた時期があること、東京にいた頃のひろしさんはルミネtheよしもとに8年も通っていたこと、私もひろしさんも梅ヶ丘に住んでいたこと、など話の合う部分がたくさんありました。

私と重なる部分だけでなく、私とはまったく違う考え方やモノの見方がひろしさんにはあって、そこに私は魅力を感じるようになっていきました。パートナーとしてお付き合いを始めたのは、出会ってから1、2年経った頃だったと思います。

ひろしさんと会えば会うほど、話をすればするほど、彼に対する興味が湧いてきました。

私の3つ年上で医者をやっているというひろしさんでしたが、何度も話をしているうちに、医者になったのは41歳で、その前は33歳まで作家として身を立てることを目指していて、プロの作家になるのを断念した後で大学受験に挑み、35歳から医学部に6年間通ったという細かい経歴を私に話してくれたのです。

ジェットコースターのような人生で、やっていることがアグレッシブで、なのに一見するとクールに見えて、会話の内容はいつも面白くて、私の知らないことをたくさん知っている賢さがあって。

41歳から医者になるという波瀾万丈な生き方を彼自身も楽しんでいるのかと思えばそうでもないらしく「荒波を乗り越えた後の凪の状態が心地よい」とポツリと言ったりする。

そういうひろしさんの人間性に、私はどんどん惹かれていきました。

死に場所

出会った頃のひろしさんの口癖は「死に場所を探している」で、感情を表に出すよりも押し殺して生きているように見えました。彼自身「珠代さんと出会うまでは感情を露わにしたことがない」と言っていて、通っていたバーのママも「彼の前歯を一度も見たことがない」と冗談交じりに話していました。

そんな彼を私が男泣きさせたことがあります。

私はひろしさんと真逆で、笑うのも泣くのも激しめで、嫉妬心も強いし、彼とたったの数時間ほど連絡が取れないだけで不安になって取り乱したり。

ひろしさんが男泣きしたときも、私の嫉妬心に火が付いてしまった状況でした。焼きもちを焼いてひろしさんを責めているうちに彼が泣き出してしまったのです。彼は「こんなに責め立ててくる人、こんなに感情が激しい人には会ったことがない。でも、珠代さんが焼きもちで言ってくれていて、僕に関心を持ってくれているのは分かる。だから涙が止まらない」と言ってポロポロと涙をこぼしました。そのすぐ後で「僕は初めて男泣きをした。だから、あなたを僕の死に場所とします」と泣きながら話しました。この最中の私はというと「泣いてごまかすなよ!」と彼を責め続けていたらしいのですが、正直よく覚えていません。

私とひろしさんはお付き合いを始めて7年ほどになりますが、今のところ結婚していません。夫婦と同じように仲良く過ごしているし、夫婦ゲンカのように言い合いになることもあるし、関係性としては夫婦同然、結婚するのが自然な流れなのかもしれません。娘とひろしさんの関係も良好なようで、娘は「ママが穏やかに過ごすために必要な相手なら私は嫌がらないよ」と言って、私とひろしさんの仲を後押ししてくれています。

パートナーとして過ごしている今も、婚姻届を出して夫婦になってからも、彼と一緒にいる心地よさはきっと変わらないと思っています。「いずれ籍は入れましょう」と彼は言ってくれていて、例えば娘が大学に進学したタイミングとか、何かのきっかけがあるときに自然に事が進んでいくのでしょう。

こだわりが強すぎる

ひろしさんと生活をともにするようになって、彼に対して「この人、細かすぎんか?」と感じた場面が何度もあります。

電磁波みたいなものを気にしているし、几帳面というか潔癖というか、そういう方面に彼はとても細かいのです。買ったばかりのパジャマを捨てられたこともありました。気に入って買ったのですが国産に並々ならぬこだわりがあり、日本製ではないからという理由で捨てられてしまい、私は大泣き。そんな私を見かねたのか「着るとしても3回洗ってから」と彼なりに精一杯の譲歩をしてきました。

こういったこだわりが彼の中にはたくさんあるようです。

私が「食べ終わった食器は台所のシンクの中に置いてほしい」とお願いすると、彼はって。「あそこは闇のエリアだから置くことはできない」と言います。「それはできない」

闇ってなんやねん。後、プラスチック製の使い捨てのスプーンやフォークは袋から出した絶対に洗ってから使っています。

自分の肌を私に見られるのも無理らしく、着替えている最中に部屋のドアを開けたりすると「開けるな！　見るな！」と大声を上げたりします。思春期の女子か。マスクをつけるときは5重です。

室内でも上着を脱ぐのが嫌で、お寿司屋さんのカウンターにコートを着たまま座ります。家のダイニングテーブルの彼の定位置はテーブルの角。なぜならできるだけまわりと距離を取りたいから。

人からもらったお菓子やご飯は、市販品であっても、袋に入っていても、未開封だったとしても、食べない。自分が直接知っている知り合いが買ってくれたものじゃないと怖くて食べられないらしいです。

マンションのエレベーターの行き先ボタンは、自分の指が直接触れないように玄関の鍵などで押しています。

ある日、家の中で娘がスナック菓子をポロッと落として、拾って食べようとしたときもひろしさんが「食べるな！」と大声を上げました。娘も私も彼も、ピタッと制止して転がったスナック菓子を5秒くらい見つめ続けました。そのままにしておけないので娘が手を伸ばそうとすると「拾うな！　ティッシュで拾え！」とまたまた叫ぶひろしさん。これが我が家の日常です。

こんな彼なので、家の中はまだいいとしても外出先やレストランなどで一緒に行ける場所が限られてしまいます。

潔癖だけでなく収集癖のようなものもひろしさんの中にあるみたいです。彼がよく買ってくるのがバウムクーヘン。ほかにも興味がある食べ物を自分でいろいろと買ってくることは多いのですが、買う頻度が多すぎてよく余らせています。賞味期限が切れたものは捨てる、と彼は言うのですが、それはそれでもったいないこと。賞味期限切れだけど食べられそうなものは、娘がかっさらって無駄にならないように消費しているようです。

もうひとつ、ひろしさんがこだわりを持って集めているのは、本。

書籍も雑誌もたくさん置いてあるし、雑誌の中でもお気に入りのページだけを切り取って手元に残しています。彼曰く「僕の宝物は本。そこにある文章が僕のすべてで、僕を作り上げている」のだとか。「だから本を捨てないで」ともひろしさんは言うのですが、いわゆる古本も部屋にはたくさんあって、清潔さや賞味期限は気にするのに古本の汚れは気にならないのかな、とこっちは不思議に思ったりもします。

お付き合いを始めたばかりの頃は、こういう彼の性分をめぐって言い合いになったこともあります。でも、彼はこういう人なんだなという理解が深まった今では、ケンカの原因になることはめったにありません。

私と一緒に暮らし始めて、ひろしさんのこだわりがちょっとだけ少なくなってきた部分も……あるのかな？

2回目の大ゲンカ

娘と2ヵ月間口もきかない大ゲンカがあってから、あんなことはもうないようにしようと心に固く誓ったのですが、またもや大ゲンカをしてしまいました。

ケンカのきっかけは娘のプール開き。学校から水着を用意するようにと言われていたのですが、娘はすっかり忘れていて「買い忘れたからママのを貸して」と言いました。

水着を買い忘れたということに対して少しだけイラッときて「なんで忘れんの?」と愚痴っぽく言ってしまいましたが、娘ときちんとコミュニケーションを取るべきだと理性も働き、その後は穏やかに話を続けました。

水着の形はある程度自由で構わないらしく、クラスの子は今どきのかわいいデザインの水着を買うはず。しかし私の持っている水着は、胸元がガバっとあいて、下もおもいっきりV字になった、本当にしょうもない形の水着でした。それでもないよりマシだろうと思って貸したのですが、プールの授業を終えて学校から帰ってくると「めっちゃ恥ずかしかった!」と娘。そらそうやわ、私の水着を女子高生が着てるんやから。

流石に恥ずかしかっただろうなという気持ちも理解できたので、娘にお金を渡すことに。そして、「1万円渡すから買っておいで」「水着って、1万円で足りるんかな……?」「足りると思うねんけどわからんから2万円」というやりとりの後のこと。疲れていて眠い娘と、お金を直接取りに来ないことに不満を抱いた私とのケンカが始まりました。


「もう眠いからテーブルに置いといてや」

「ちょっと!! 部屋に戻らんとここまで取りに来てよ!」

「今、疲れてるって言うてるやん! 置いといてよ!!」


部屋に引っ込もうとする娘の態度に、私はカチンときてヒートアップ。ようやく、渋々といった不満げな顔でテーブルの上に乗った2万円を娘が取りに来ると、私は怒りに任せて娘の身体を少し小突くように押してしまいました。その余波で、私と娘の間にあった諭吉さんはもみくちゃになり、ひらひらと床の上に舞い落ちていきました。

そのお金をひったくるように取っていた娘にイライラしながら、ケンカしたいきさつをひろしさんに話しました。すると、思いもしない言葉が返ってきたのです。

「どうして疲れていると言っているのに、無理に取りに来いと言うんだ。テーブルに置いといてと言うなら、そうすればいいだけだろう。珠代さんも態度にショックを受けたのかもしれないけど、娘さんは母親に身体を押されてどんな気持ちだったか分かるか。珠代さんは大人だから、明日になればこのケンカも流せるだろう。だけど、娘さんの心には、母親に押されたことが傷として残るかもしれない」

そう言われて、自分がどれだけひどいことをしたのかが理解できました。相手が娘ではなかったら、きっと身体を押したりしなかった。だとしたら、娘にだってしてはいけないことなのです。私が言葉以外の方法を取ったのは「親が言っているんだから」と無意識に宿っている押し付け。以前あんなに大きなケンカをしたのに、私はまた間違えたのです。

その日から、娘は私が作り置きした食事を食べなくなりました。ロケから帰って、冷蔵庫を開けると、手つかずのおかずが残っていて、「あぁ、またあの冷たくて苦しい時間を過ごすことになるのか」と思いました。

娘が私の食事を食べなくなって3日目。このまま作っていても誰も幸せにならないと思ったので、テーブルにメモ書きを残すことにしました。

「今日も手を付けないならお金を置いていくから、それで自分が食べたいものを買ってください。もうママの役目も終わりなのね……」

重い感じに伝わらないように私の似顔絵を描き、吹き出しの中にこんなことを書きました。仕事が終わり家に帰ると、私が作った食事は用意した状態のまま置いてありました。正直、ショックでした。机の上に置いていったメモ書きを捨てようと手に取ると、なにやら書き加えてあります。そこには、かわいいイラストと、吹き出しの中にメッセージが。

「ここ2日間はうどんを食べたかったらしくて、自分でつくって食べてたみたいよ?」

そのメモを見た瞬間に、私は娘の部屋へ行き謝りながら大号泣。娘に引かれるほど泣いてしまったけど、その後きちんと仲直りすることができました。前回は2ヵ月口をきいてくれなかった。でも、今回は4日で持ち直せた。私たちの関係はよりよい関係になっていると思います。

私と娘とひろしさん

娘が小さい頃、私は仕事の忙しさを理由にして、娘の欲しいもの、欲しがりそうなものをぽんぽんと与えていました。でもきっと、前夫は私とは逆にものの大切さや節約する精神を教えていたのでしょう。娘は、私よりも経済的な感覚がしっかりしていて、私が娘から「高価なブランド物を買いすぎ」とか「漫画雑誌を買いすぎ」とか注意されます。

娘が名古屋にいた頃、２カ月に１回くらいの頻度で私が娘のところへ会いに行っていました。ある日レストランへ連れていくと、娘があまり食べていないように私の目には映りました。娘は元気でやっているのかなと心配しながら会いに行っているし、元気な子どもはたくさん食べるはずだという思い込みもあって、「もっとしっかり食べなさい。ほら、アーンして」と娘の口に料理を運んでいました。でも、しばらくすると、娘はびっくりするくらいの量を吐き戻してしまったのです。人それぞれ、食べられる容量は違うんだという当たり前のことにあらためて気づかされ、娘に無理矢理食べさせるという自分の行いを反省する出来事でした。

自分に合う、それぞれのペースで生きていけばいい。そんなことを思い出させるやりとりが、私と娘とひろしさんの間で交わされたことがあります。娘は「陰キャだから話しかけられない」とか「バスに乗ると友だちと一緒に座る二人掛けの席ではなく、一人用の席になっちゃう」とか、友だちづくりで少し悩んでいる様子でした。私は娘の背中を押すつもりで「友だちつくらんと」と声を掛けたのですが、でも、ひろしさんは逆に「僕なんかずっと一人だった。一人のほうがいいこともある」と娘に伝え「友だちをつくるのがしんどいのに、友だちつくれって言われても困っちゃうよな」と言ってくれたのです。彼の言葉は、娘の悩みを少しだけ軽くしてくれたのではないかという気がします。

今は私も「バスの中で一人になるなら、本でも読んでたら?」というスタンスで娘に接しています。それでもやっぱり娘と「友だちできそうなのにできないのはなんでやろな」と話していると、私からは「できるだけ輪の中に入ったほうがいいかもなぁ」という暗に「友だちをつくりなさい」という意図を込めた言葉がついつい出てきてしまうのですが。

一方、私とひろしさんがケンカしている様子を、娘は最近になってエンタメへと昇華しているそうです。私とひろしさんのケンカは、他愛のないことから始まり、大体私が感情的になって怒り散らかすというパターン。


「今、テレビに出てた女の人見てたよな？　ああいうのが好きなん？」

「……見てない」

「見てたやん！　私と全然違うタイプやん。ほな、ああいう人と付き合ったら？」


どんどんエスカレートしていって、別れ話になることも少なくありません。そのままの流れでひろしさんが家を出ていこうとすることも……。


「珠代さん、僕もう出ていきます」

「好きにしたらええやん!!」

「……珠代さん。このままだと僕ほんまに出ていきますけど、本当にいいですか？」

チラリとこちらを振り返るひろしさん。こんなやりとりを3往復ほど繰り返し、いよいよドアを開けて出ていこうとします。

「ひろし、今謝ったら許したるで」

「あ〜あ!! はいはい! 分かりましたぁ〜、ごめんなさいね〜」

そう言いながら、ひろしさんは部屋の定位置へと戻っていくのです。娘は初めのうちこそ、私たちがケンカするのを心底嫌がっていましたが、最近では気に留める様子もありません。私に対して「今のはママが悪いな?」ときっぱり言うくらい。

娘もひろしさんも、優しい人です。私とひろしさんがケンカをすると娘はひろしさんをかばい、私と娘がケンカするとひろしさんは娘をかばいます。私だけが悪者というわけではなく、娘とひろしさんが持っている優しさと二人の間にある絆のおかげでかばい合い、それによって私と娘とひろしさんの関係はうまくまわっているのだと思います。

娘の推し

私が芸人をしているので、娘が学校でいじめられないかというのは、長年心配していま
す。娘には、もしいじめられたら引っ越してもいいと思っていること、とにかくなんでも
話すことなどは伝えてきたつもりです。

それでもやっぱり心配な私は、あるとき酒井藍ちゃんにこの悩みを話したことがありま
す。すると藍ちゃんは男気あふれる様子で一言。

「もし娘さんがいじめられたら、すぐに呼んでください。いじめたヤツのところに怒鳴り
込みに行ったりますから」

娘と藍ちゃんは面識もあり、一緒にご飯を食べることもあるのですが、会うたびに「な
んでも言いや？　なんでもいいから！　なっ？」と娘に声をかけてくれます。藍ちゃん自
身が三きょうだいの一番上ということもあってか、すごく面倒見がよくて、娘も気を許し

ているようです。傍から見ていると、まるで姉妹のよう。もしかしたら、娘にとってもそのくらい近い存在なのかもしれません。

自分を守ってくれる存在がいると知ってから、娘は藍ちゃんのことを〝推し〟として見るようになったらしく、藍ちゃんがニカッと笑っている写真を机のうえに飾っていて、「私はこの写真を見ているだけで心が豊かになるの」と話していました。

いつもの私だったら、娘のそんな姿を見て「じゃあママはいなくていいね」と卑屈になってしまいそうなのですが、なぜかそんな気持ちにはならないのです。

私の子どもを愛しているのは、私だけじゃない。

それが、どんなに心強いか。一見、娘に寄り添っているような藍ちゃんの言動が、私にも寄り添ってくれているのを感じる。それが卑屈にならない理由なのかもしれません。

あなたがいたから私は、人としても芸人としても成長できた。
これからも、よろしくね！

推しと恋バナ
〜ロングコートダディ 堂前さんと特別対談〜

珠代さんが「好き♡」と
公言している堂前さんと、
恋愛をテーマにぶっちゃけトーク！
結婚観や好みのタイプについて
語り合いました。

堂前透

1990年1月16日生まれ。福井県出身。2009年に相方の兎と結成したコンビ「ロングコートダディ」で、キングオブコントやM-1グランプリでファイナリストに選出。

一緒に出演したロケで ぐっと仲が近づいた

——今回の対談、島田珠代さんの熱烈なラブコールでロングコートダディの堂前透さんをお招きしました！

島田：ホンマに好きなんですよ。

堂前：ありがとうございます。

——珠代さんは堂前さんのどの部分に魅力を感じていらっしゃるんでしょう？

島田：一番魅力的なのは手です。すごく綺麗な手。

堂前：手？（自分の手をかざして見直しつつ）珠代さん、もしかして手フェチですか？

島田：手が大好き。最初に手を見てしまう。自分の手がちょっとクリームパン系なので、シュッとした感じの手にはどうしても目を引かれますね。一緒にロケに行った時も、ロケバスの中で携帯を操作する手がシュッとしてたし。

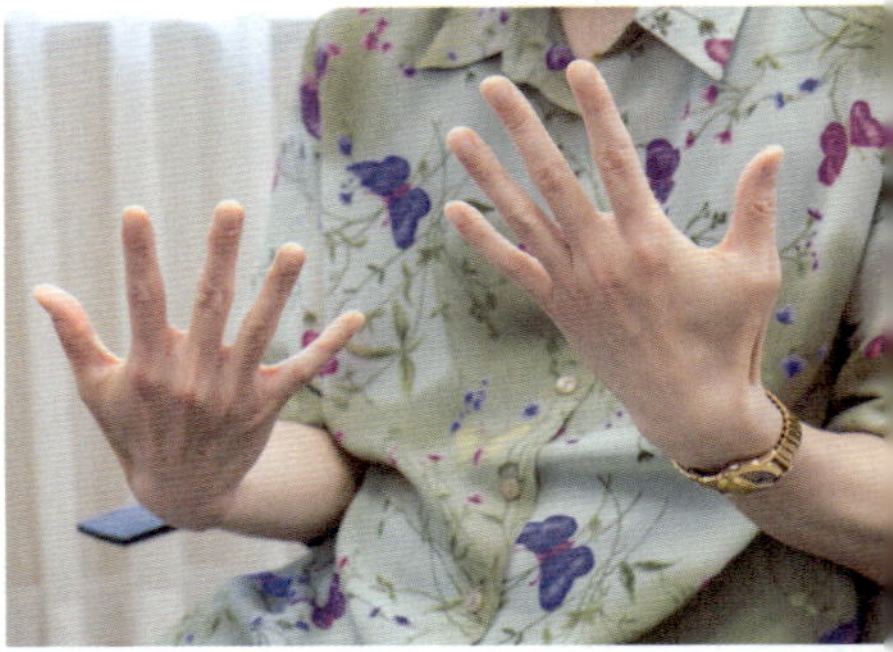

堂前：手が綺麗って言っていただけるのは素直に嬉しいです。

——珠代さんと堂前さんが仲良くなったのは何がきっかけだったんでしょうか？

島田：仲が良いって言っても、私が好き好きって言ってるだけですよ（笑）。

堂前：番組のロケで僕たちぐっと仲良くなりましたよね。僕が日本一の高さのバンジージャンプにノーリアクションで挑戦するのを、珠代さんにノーリアクションで見守ってもらうっていう企画でした。

島田：堂前ちゃんはホントにノーリアクションで。「うわーっ！」とかまったく言わない。こっちは心配で涙が出ちゃって……。

堂前：泣いてくれたんですよね。

島田：だって心配で……いやでも

堂前ちゃん、かっこよかったです。素敵な男性です。

モテモテの堂前ちゃんを楽屋で勝手に奪い合い

島田：実は、堂前ちゃんのこと気に入ってるのは私だけじゃないんですよ。新喜劇の女性陣、特に三枚目の女の子はみんな堂前ちゃんのことが大好き。

堂前：そうなんですか。まったく知りませんでした。

島田：モテモテよ。楽屋では森田まりこ、岡田直子、私の3人で堂前ちゃんの取り合いよ。

堂前：勝手に取り合い（笑）。

島田：「堂前ちゃんのこういうところが好きや」「私はこういう部分にも気づいてるし」って言い合いして。で、ケンカするの。

堂前：え、ケンカ!?

島田：そう。「堂前ちゃんからこんな言葉をかけてもらった」みたいなことで、誰が一番ポイント高いか張り合ったり。かと思えば、堂前ちゃんが松浦景子ちゃんに喋りかけてたっていう話で「景子ちゃんのどこがええんかな?」とか3人で盛り上がったり。

堂前：この対談はかなりポイント高いんじゃないですか。

島田：きっと私、楽屋で袋叩きよ! とにかく、堂前ちゃんを狙う敵は多いの!

堂前：僕のこと取り合いまでしていただいて、嬉しいっていうのはもちろんあります。でもそれ以上に、そういう楽屋の様子を想像すると、きっと素敵な空間なんだろうなと思いますね。

島田：ほら。これ。こういうところもいいのよ。クールですよね。

——楽屋で張り合っている珠代

さん、森田さん、岡田さんの3人は堂前さんより年上ですよね。もしかしたら、堂前さんは年上キラーなのかもしれないですね。

島田：そうなのかも。それからなんか堂前ちゃんってすごくネコっぽいところがあって、それがいいのよね。ネコ好きの年上からしたら、たまらないかも。堂前ちゃん、ネコを飼ってるでしょ。それからさらにネコっぽくなった気がする。

堂前：みんなで集まっても勝手に帰ったりするところはネコっぽいかも。

島田：これ、女子は許せるんです。堂前ちゃんやったら仕方ないなって。仕方ないというか、堂前ちゃんが勝手に帰っちゃうのはかっこいい。むしろ仕方ないとかじゃなくて、そうであってほしい。修学旅行とかも勝手に一人で帰っちゃってほしい。

堂前：(笑)。

堂前ちゃんは20歳くらい年下の巨乳の子と結婚してほしい！

――珠代さんも気になるところだと思いますが、堂前さんは好みの女性のタイプとかありますか？

島田：それ、知りたいですね。

堂前：女性のタイプですか。最近「いいな」って感じるのは、自分の好きなことをすっげえ一生懸命喋ってくれる子ですね。

島田：女の子の側からしたら、うっとうしく思われないか心配やわ。自分のことをずっと喋ってるのって、うっとうしくない？

堂前：うっとうしくないですよ。一生懸命喋ってくれてる姿がかわいいので。僕自身は、自分の知らないことを教えてもらうのも好きだし。どんどん喋ってほしい。

島田：私、そんな男性は嫌かも。

堂前：確かに。男性が自分のことばっかり喋るのとはちょっとイメージが違う感じしますね。

島田：自分のことを一生懸命喋ってくれるのがかわいい、っていうのは、相手が自分よりも年下ってことなんやと思う。

堂前：年下やから許せることっていう部分はありますよね。

島田：好みのタイプは年下……そういうことか（笑）。

堂前：年上の女性と恋愛したことがないんで、自分の中でイメージするのがどうしても年下になってしまうのかもしれない。

島田：でもいいの。堂前ちゃんは才能あるしかっこいいから、いっそ20歳くらい年下の子と結婚してほしい。そう願う気持ちもある。

堂前：僕の20歳下？

島田：そう。バラドルとかアイドルとか、かわいくておっぱいのでかい20歳下の子。私は堂前ちゃんの幸せを願っているから、期待しています、そういうニュース。

堂前：おっぱいでかいバラドルか……そういう人やったら珠代さんは許せるんですか？

これ、女子は許せるんです。堂前ちゃんやったら仕方ないなって。

——（島田）

島田：もう仕方ない。愚かな男だなってどこかでは思うけど。

堂前：愚か（笑）。

島田：でも、おっぱいを机にポンって乗せて、自分のこと一生懸命喋ってくれたら最高でしょ。

堂前：実は僕、おっぱい小さいのが好きなんですよ。

島田：あ、ほんと!? それは朗報ですよ。高感度爆上がりですよ。

芸人&ネコと同居中 堂前ちゃんの結婚観は？

――堂前さんは東京に進出して2年目ですが、東京の暮らしはいかがですか？

堂前：同期の山本プロ野球（シカゴ実業）とルームシェアしてるんですけど、楽しいことが多いです。いろんな仕事があるし、ネコも一緒だし。ネコと遊ぶのが幸せ。

誰かと結婚して一緒に暮らすっていうのが向いてない人間なんですよ。

――（堂前）

島田：男同士の同居も楽しいやろうけど、結婚とか考えたりしないの？ 結婚に対する憧れとか結婚観みたいなものある？

堂前：結婚観はブレッブレです。1年前くらいは「結婚なんて絶対にするもんか」と思ってたんですけど。最近は「後々のこと考えたら誰かいてくれたほうがいいかな」とか思うようになって。でも、そもそも僕は誰かと結婚して一緒に暮らすっていうのが向いてない人間なんですよ。誰が相手でも結婚生活を送れる自信がない。同居人とは楽しくやってるんですけど、同居と結婚は別っていう感覚です。

島田：なんで結婚生活がうまくいかないと思うの？

堂前：自分優先なんです。スーパー自分優先。

島田：あー、なるほど。確かにそ

ういうところありそう。例えばだけど、女の子の友だちとご飯食べに行ったりしたらどんな感じになるの？　結構喋る？

堂前：そんなに意識して喋らないです。もちろん喋るタイミングもありますけど、油断したら喋らなくなる。

島田：だから一生懸命喋ってくれる子がタイプなのかもね。

堂前：僕自身は会話中の沈黙って気にならないです。それを苦痛に感じない人だったらいいなって。実は今も沈黙でいいくらい。なんもないページがずっと続くっていう（笑）。

島田：それは斬新ね（笑）。

堂前：まあでもスムーズな会話という意味では女芸人さんと一緒だと楽ですね。結構仲がいいのは紅しょうがとか、蛙亭のイワクラとか。イワクラとはLINEのやりとりも多いです。二人ともかわいいものが好きで、かわいいものを見つけると写真撮って送ったり。

島田：えー、かわいいものって何？

堂前：（携帯を出して写真を見せながら）例えば、これとかですね。カベポスターが漫才のリハーサルをしてる時に、サンパチマイクの代わりに置いてたちっちゃいペッ

トボトルとか。箸置きとかも好きですね。

島田：あー、確かにかわいい！　堂前ちゃんのかわいいはちょっとひねった感じの変化球かと思ったけど、意外とストレート。ド直球のかわいいやね。

堂前：逆に珠代さんはどうなんですか？　男性と食事に行ったりするとどんな感じなんですか？

島田：飲みに誘うのは吉田裕が多いかな。裕はずっと喋ってくれるんだけど、私も堂前ちゃんと同じであんまり喋らないから、そういう人を選んでる。

堂前：珠代さん、僕のこと誘ってくれたことないですよね。

島田：それは無理！　憧れの人は誘えない。

堂前：憧れなんですか!?

島田：好きすぎて相手の前で自分が出せないと思う。それに私はすごくつまらない人間だから、それがバレるのが怖い。そういう自分はお見せできないって思ってしまう。

堂前：すごくつまらない人間…。そんな訳ないでしょ(笑)。

島田：それに私、すごく緊張するんです。ピラフかなんか頼んで食べ始めるじゃないですか。スプーンですくって口に運ぶまでに、手

がブルブル震えて、もうボロボロボロボロこぼしちゃう。私の下の床が米だらけになるくらい。痛いですよね、ピラフこぼし。

堂前：妖怪ピラフさん（笑）。

外見？　それとも中身？ 恋愛相手に求めるもの

――恋愛で誰かを好きになるポイントはどこですか？　外見とか内面とか。

島田：タレントさんや有名人で言うと、どんな顔がタイプ？

堂前：顔ですか？　ちょっと待ってくださいね……あ、多部未華子さんとか。でも、こういう顔の人が好きっていうのはないかも。好きになる人の見た目は結構バラバラだし。

島田：顔じゃなかったらどこを重視してるの？

堂前：その人の持ってる雰囲気に惹かれるっていうのはありますね。あと、クリエイティブな人も好きです。絵を描くとか作曲するとか。島田さんは？

島田：女子は男の人の声を気にするんやけど、私もそう。いい声の人には反応してしまうね。

堂前：カラオケとか行くことあります？

島田：行く行く。

堂前：めっちゃ上手そうですよね。何歌うんですか？

島田：いやぁ、結局下手くそやねんけど、(中森)明菜ちゃんとか(松田)聖子ちゃんとかをひたすら歌ってるかな。

堂前：僕もその頃の歌謡曲、結構聞いてますよ。昔、車に乗りながら聞いてた曲を覚えてたり。『木綿のハンカチーフ』とか。

島田：女性の気持ちを歌った名曲よね。

堂前：でも最近は、女性のほうがひどいっていう見方もあるみたいです。

島田：どういうこと？　めっちゃええ話やのに。

堂前：ホンマはええ話なんですよ。就職して地元から都会に行った男性と、地元にいる女性との手紙のやりとりが歌詞になっていて。彼氏は都会で仕事を頑張ってて、

スーツ姿の写真を撮って彼女に送るんです。でも、女性のほうは地元にいた頃のあなたのほうがよかった、みたいな反応をする。頑張ってる今の俺を見てくれっていう彼氏に対して、前のほうがよかったのに、とか言っちゃう彼女、ひどくないですか？(笑)。

島田：確かに。ええ歌やと思ってたけど急に嫌な女に見えてきたな(笑)。

芸人同士の恋愛や結婚はありかなしか

島田：実際のところ、恋とかするの？

堂前：いやー、最近はちゃんと好きになったことがないかもしれないです。恋人っぽいお付き合いは今まで何度かありましたけど、振り返ってみると「ほんまに好きやったんかな」って。愛を探してますね。今、一番愛情を注いでるのはネコかもしれない。ネコに対するこの気持ちを女性に向けられるかどうかっていう感じ。

島田：男の人と女子ネコって関係性が恋人みたいな感じやから、彼女が来るとネコが嫉妬するっていうのもあるみたいよね。

堂前：でも、何人か女の子を部屋に連れてきたことありますけど……あ、違う違う。恋人とかじゃなくて女芸人さんとかですよ。そういう場合、女の子のほうが積極的にうちのネコと触れ合おうとしてくれるおかげで、うまくいってますね。相方の兎が来た時は布団とシーツの間に逃げるように潜り込んで、2～3時間出てこなかったです。うちのネコは基本ものすごくビビりなんで、今まで見てきた人間の中で一番太ってた兎を見て恐怖を感じたのかなと。でも、相手が女性の時は、その子の匂い

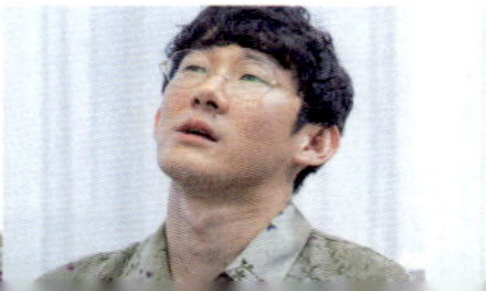

を嗅ぎに来たりとかリラックスしてると思う。

島田：そういや兎ちゃんで思い出したんだけど…。私が堂前ちゃんのこと劇場で好き好き言ってたら、帰りに「姉さん、騙されたわ」って言われてんけど。

堂前：なにそれ!? 兎に思わせぶりな態度を取ってたとか？ 本気で好きやった可能性もありますね。精一杯面白く言ったけど、ほんとは泣いてたのかも(笑)。

——さっき、仲の良い異性の芸人さんのお話もありましたけど、芸人さん同士の恋愛や結婚ってお二人はどう思われますか？

島田：イワクラとかね、もしかしたら堂前ちゃんのお相手になる可能性もあったかも。今はもうイワクラにはオズワルドの伊藤(俊介)くんっていうお相手がいるみたいやけど。

堂前：芸人同士の恋愛も結婚も、僕自身は全然ありだと思います。

島田：私はもう絶対に職場恋愛は無理。仕事の最中に相手とすれ違うだけで心の中で「うわぁーっ!」って叫んじゃう。

堂前：意識しちゃいます？

島田：「そのTシャツ、家でよく見るな」とか、気になっちゃうから。家と仕事場って完全に別であってほしい。

——自分が仕事している姿を恋人に見に来てほしい、みたいな気持ちはあったりしますか？ 自分の舞台を見に来てくれたらパワーが出るとか、逆に恋人に見に来てもらうのは照れくさいとか。

堂前：照れくさいとかはないですね。見に来てほしいとも思わないけど、これから恋人ができるとしたらその人は芸人としての僕を好きになってくれてると思うんで、見に来るんやったらどうぞくらい

の気持ち。

島田：私は来てほしい。恋人は私のことを「お前最高や！」って思ってくれてる人なんやから、やっぱり見に来てくれんと。来てくれない時は、NGKの2階席の後ろのほうを見て、恋人とよく似たシルエットの人を見つけて「これがあの人や」って思い込む。

堂前：自分の仕事を見てほしいっていうのは、なんか頼もしいですね。恋人に見てもらってるとパワーもわいてくる感じですか？

島田：見てもらってる時のほうが、ガーって白目剥いたりマンキンで変な動きとか、できる気がする。だって私、そこでしかピカピカになれないから。

堂前：めっちゃ格好いいですね。

島田：あと、イケメン&イケジョのカップルが一番前の席に座ってる時の舞台も、すごく頑張れる。心の中で「おい男、こっちのほうがよくないか？　横に座ってる女より目の前にいる私のほうがよくないか？」って。そういう時はすごくいい仕事ができる。

堂前：女の子が悔しくなって、その後パンティーテックスしてたら、完全に勝ちですね（笑）。

外すべきネジを見極められる珠代さんは格好いい

——そろそろこの対談も終わりなんですが、最後にこれだけは聞いておかなくてはという質問がありまして。堂前さんから見て珠代さんの魅力的なところはどんな部分ですか？

堂前：芸人としてすごく尊敬してます。

島田：いいのよ、何でも。何言ってもいいの。

堂前：女芸人さんって女性ならではの難しさがあると思うんですけど、珠代さんは芸人として外すべきネジを外してるって感じがします。

島田：あー、うんうん。それはそうかも。

堂前：こうやって普通にお話してる時はすごくおしとやかで、ネジはしっかり締まってるけど、芸人として外すべきネジだけを見極

めて外してる。そういうギャップも魅力的に見えるし、ギャップがあるからこそ舞台での爆発力もすごい。

島田：うわー、嬉しい。

堂前：芸人だから簡単にネジを外せるっていうもんでもなくて、ネジを外すのって難しい作業なんです。何でもかんでもネジを外しまくって無茶してる若手の女の子もいると思うんですけど、珠代さんは外すべきネジだけを狙って外してる。そこが「珠代さん、すげぇ。プロやな」って思います。やっぱり珠代さんは格好いいです。

島田：目頭が熱くなってきた。なんかもう泣いちゃいそう！

一同：（笑）。

あとがき

最後まで読んでくださり、ありがとうございました。まさか私が書籍を出すなんて、しかもエッセイだなんて。夢にも思っていなくて、いまだにビックリしています。すごく平凡な内容になってしまったのではないかと心配しているのですが、いかがでしたか……？

小学2年生のときに先生が字を褒めてくれていなかったら、敬愛する姉が上手に褒めてくれていなかったら、きっと私は自分のよさが分からないまま生きていて、みなさんの目に触れることもなかったように思います。だからみなさんもどうか、自分の愛する人をたくさん褒めてあげてください。そして時には自分のことも褒めて、大切にしてあげてほしいです。

もしも悲しいことや辛いことが起きたときには、舞台に立つ私の姿を見て、笑ってもらえると嬉しいです。自分のためではなく、人のためにしか頑張れない私です。渾身のボケが誰かの救いになっているのなら、こんなに嬉しいことはありません。

そして子どもの頃から、真面目であることが一番いいと信じて生きてきました。これからも真面目に全力で生きていきますので、末永くよろしくお願いします！

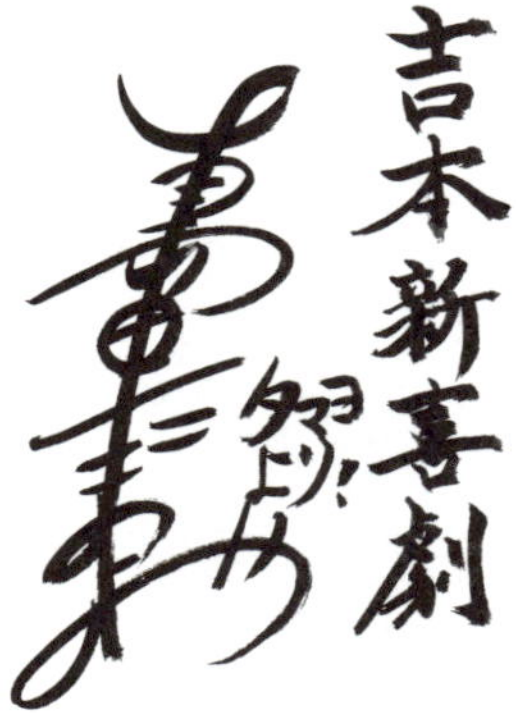

悲《かな》しみは笑《わら》い飛《と》ばせ！
島《しま》田《だ》珠《たま》代《よ》の
幸《こう》福《ふく》論《ろん》

2024年10月4日　初版発行

著　者
島《しま》田《だ》珠《たま》代《よ》

発行者
山下 直久

発　行
株式会社KADOKAWA
〒102-8177　東京都千代田区富士見2-13-3
電話 0570-002-301（ナビダイヤル）

印刷・製本
株式会社リーブルテック

［お問い合わせ］
https://www.kadokawa.co.jp/（「お問い合わせ」へお進みください）
※内容によっては、お答えできない場合があります。
※サポートは日本国内のみとさせていただきます。
※Japanese text only
定価はカバーに表示してあります。

Printed in Japan
ISBN 978-4-04-683680-9　C0095